ホ
UnRead
–
生活家

達人が選ぶ　名湯宿58選

去日本泡温泉

北京联合出版公司
Beijing United Publishing Co.,Ltd.

[日] 郡司勇————著

曹倩————译

目　录

第三章

甲信越地方

第四章

东海·近畿·中国地区·四国

第五章

九 州

本书中温泉旅馆的详细信息

揭秘温泉
所在地
MAP

银鳞庄
（北海道／平矶温泉）
▶ P014、P210

温泉旅馆银婚汤
（北海道／上汤温泉）
▶ P018、P210

汤殿庵
（山形／汤田川温泉）
▶ P040、P214

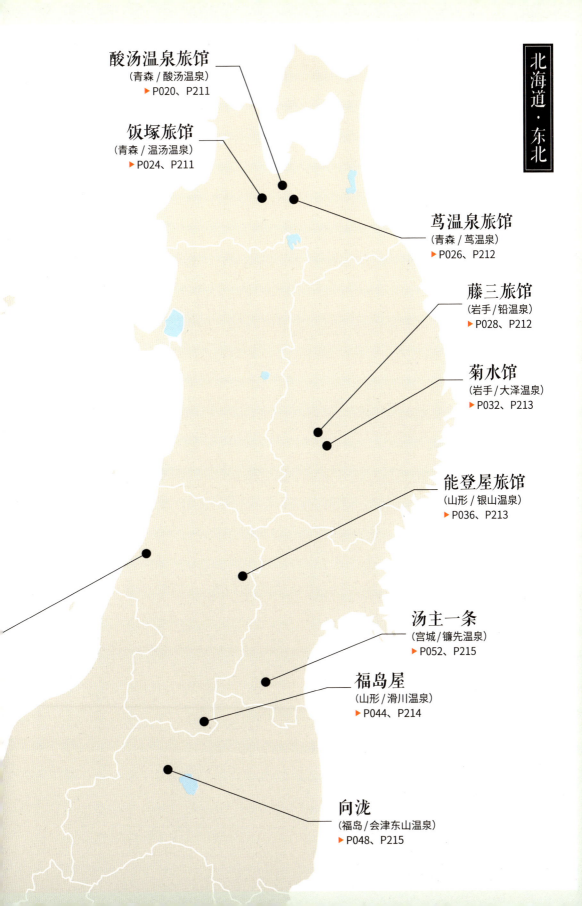

酸汤温泉旅馆
（青森 / 酸汤温泉）
▶ P020、P211

饭塚旅馆
（青森 / 温汤温泉）
▶ P024、P211

莺温泉旅馆
（青森 / 莺温泉）
▶ P026、P212

藤三旅馆
（岩手 / 铅温泉）
▶ P028、P212

菊水馆
（岩手 / 大泽温泉）
▶ P032、P213

能登屋旅馆
（山形 / 银山温泉）
▶ P036、P213

汤主一条
（宫城 / 镰先温泉）
▶ P052、P215

福岛屋
（山形 / 滑川温泉）
▶ P044、P214

向泷
（福岛 / 会津东山温泉）
▶ P048、P215

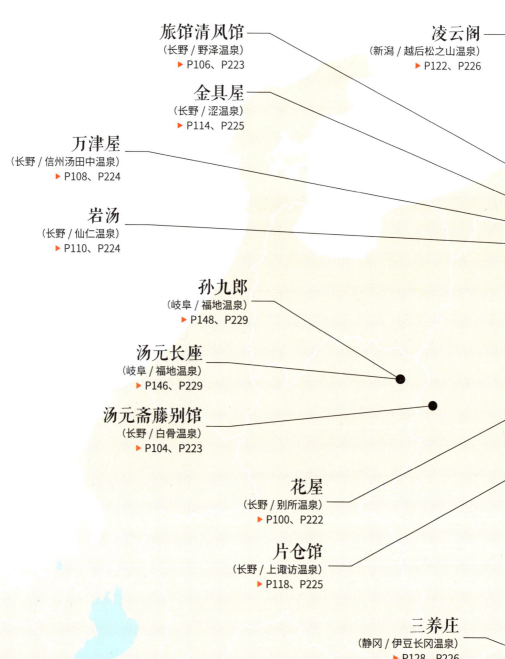

积善馆
(群马 / 四万温泉)
▶ P082、P220

别邸仙寿庵
(群马 / 谷川温泉)
▶ P074、P219

长寿馆
(群马 / 法师温泉)
▶ P058、P216

横手馆
(群马 / 伊香保温泉)
▶ P066、P217

千明仁泉亭
(群马 / 伊香保温泉)
▶ P078、P219

YEBISU 屋
(枥木 / 盐原元汤温泉)
▶ P062、P216

丸本旅馆
(群马 / 泽渡温泉)
▶ P080、P220

大丸温泉旅馆
(枥木 / 那须温泉)
▶ P064、P217

草津旅馆
(群马 / 草津温泉)
▶ P068、P218

金汤馆
(群马 / 雾积温泉)
▶ P072、P218

三河屋旅馆
(神奈川 / 箱根小涌谷温泉)
▶ P094、P222

环翠楼
(神奈川 / 塔之泽温泉)
▶ P086、P221

福住楼
(神奈川 / 塔之泽温泉)
▶ P090、P221

ATAMI 海峰楼
(静冈 / 热海温泉)
▶ P136、P227

玉峰馆
(静冈 / 河津温泉)
▶ P140、P228

关东·甲信越地方·东海

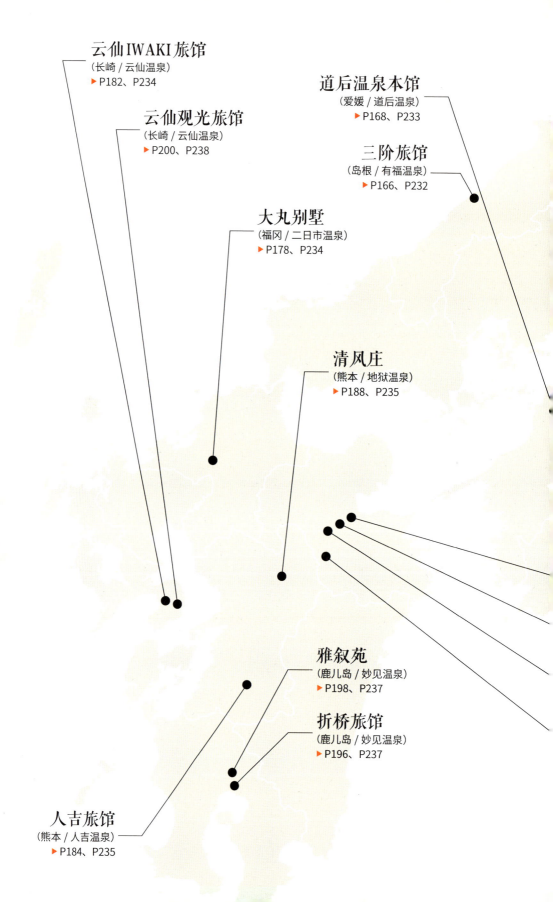

云仙IWAKI旅馆
（长崎 / 云仙温泉）
▶ P182、P234

云仙观光旅馆
（长崎 / 云仙温泉）
▶ P200、P238

道后温泉本馆
（爱媛 / 道后温泉）
▶ P168、P233

三阶旅馆
（岛根 / 有福温泉）
▶ P166、P232

大丸别墅
（福冈 / 二日市温泉）
▶ P178、P234

清风庄
（熊本 / 地狱温泉）
▶ P188、P235

雅叙苑
（鹿儿岛 / 妙见温泉）
▶ P198、P237

折桥旅馆
（鹿儿岛 / 妙见温泉）
▶ P196、P237

人吉旅馆
（熊本 / 人吉温泉）
▶ P184、P235

近畿・中国地区・四国・九州

每次去木构建筑的温泉旅馆时，我都非常兴奋。玄关顶有华美的破风，走在通往客房的走廊上时，能听到木地板嘎吱嘎吱的声响。每每看到扶手上精致的雕刻和擦得锃亮的地板，我都会想："经过了这么久的时间，这些旅馆依然被人们喜爱和珍惜着呢。"这些旅馆的客房有的有小屋檐，有的是格子窗，各有各的风格特色。有些客房的窗户上有精美的透雕，或是独具匠心的栏杆设计，客人住进来后，能尽情畅享引以为傲的美景。

判断温泉优劣最重要的标准是泉质和新鲜程度，源源不断供应温泉活水的旅馆是最上乘的。除了温泉本身外，我认为旅馆的建筑风格和氛围也非常重要。我既是温泉冠军，也是一级建筑师，所以泡温泉的时候，总是会多关注一下那里的建筑。传统的木构建筑自不必说，崭新的现代建筑我也很喜欢。像是摩登日式风格的新颖设计和温泉的巧妙结合，也会给人一种别样的新鲜感。

这本书精选了拥有优质温泉和优秀建筑的温泉旅馆，选取时我主要考虑的是这家温泉旅馆的浴池够不够好、建筑是否属于文化遗产、设计风格是否新颖等，另外，还包括一些历史悠久的、散发着独特古韵魅力的温泉老店。泡在温泉池里的时候，会有种温泉池在向你致谢的感觉。

无论建成时是多么华美，建筑总会被时间刻下印记，所以我特别感激那些迄今仍然保留着最初形态的优秀建筑。最近，越来越多的温泉旅馆面临着倒闭的危机，木构建筑也面临着同样的危机。虽然我选出了相当多优秀的温泉旅馆，但很多老店并不希望在媒体上抛头露面，无奈之下，我不得不放弃为大家介绍这些非常棒的温泉旅馆，这是编写本书时的一大遗憾。

这本书里所介绍的，都是绝对让你不虚此行的温泉旅馆。如果有机会的话，请一定亲自前去体验一番。

郡司勇

第一章

北海道·东北

银鳞庄有着古色古香又不失气势的外观。片片青瓦层叠，让人眼前一亮。

地址：北海道小樽市樱 1-1
最近的车站：JR 函馆本线小樽筑港站
北海道文化遗产　传统木构建筑
>> 旅馆信息、温泉水质数据等请参照 P210

北海道·平矶温泉
银鳞庄

现存唯一可以体验鰊御殿[1]的住宿

银鳞庄位于平矶岬高岗上，可以俯瞰整个石狩湾。这栋建筑是将渔场建筑代表作——旧鰊御殿直接迁移到了小樽，是平矶岬屈指可数的名胜景区，因气派典雅的外观入选北海道文化遗产百选，虽跨越世纪，饱经风雨，却也拥有了历史的厚重感。走近它，就会为其华丽宏伟的外观深深折服。

建造者猪俣家从老家越后国[2]聘请了修建宫殿的木匠米山仙藏来修建银鳞庄，以层层叠叠的屋檐为代表，每一处都能体现出工匠师傅高超卓越的技艺。在建筑用料选材上，银鳞庄也颇为用心，主体精选了库页冷杉、水曲柳、栗木等高级木材，墙裙砖则使用了国外进口的花岗岩，甚至就连毫不起眼的细节处都极为考究。置身其中，就能感受到当年小樽渔船主的气派。

美丽的彩色玻璃和精致的隔窗在银鳞庄内随处可见，这些匠心独运的设计装饰，让人不禁想起明治时代与大正时代[3]的小樽。本馆是小樽市登录的历史建筑，获得过都市景观大奖。

我最早来的时候，这里还没有温泉，后来找到了优质的泉源，便开发了出来。现在，源源不断的温泉水从

银鳞庄地下1300米处涌出，供充满户外乐趣的露天岩风吕、大浴场和室内温泉使用。这里在设计之初，就考虑到了与大自然相融合，从而充分借助了周围的美景。泡在暖暖的温泉里欣赏着朝夕变化的美景，好不惬意。

与矗立在本馆房顶的瞭望楼并排的是银鳞庄的象征"露天风吕"。从这里眺望远处石狩湾上缓缓升起的旭日，景色美到无法言喻。

圆形的大浴场极具东方特色，含钠的硫酸盐泉给肌肤带来了柔滑的触感，因此大受好评。穿过这个大浴场再往里走，就是露天风吕了。

1 鰊御殿，日本的渔民住宅。
2 越后国，日本古代的令制国之一，领域相当于现在的新潟县（除佐渡岛外）。
3 明治时代，1868年至1912年；大正时代，1912年至1926年。

P16左图：大厅里的神龛和地炉。/P16右图：大厅里的地炉，吊钩充满了设计感。/P17左上图：玄关古色古香的灯。/P17左下图：隔窗上的细节。/P17右上图：纸拉门。/P17右下图：玄关内部。

温泉旅馆银婚汤

地址：北海道二海郡八云町上汤 199
最近的车站：JR 函馆本线落部站
传统木构建筑
>> 旅馆信息、温泉水质数据等请参照 P210

被巨大的庭园包围，充满自然气息的旅馆

温泉旅馆银婚汤是我很早以前就开始光顾的一家温泉旅馆。大约二十年前初次到访时，这里是长长的室内浴池，男女混浴，从大约十年前开始，才在室内温泉池中间安装了一块隔板，将男女泡澡的地方分开。这几年，这里增添了女性专用浴室，以及 Tochini 之汤、红叶之汤等露天贷切风吕[1]。

这间温泉旅馆最棒的地方，是一路走到旅馆门口那种神清气爽的感觉。庭院内连树下的杂草都进行了精心的修剪，深深吸引着到访者。一路朝玄关走，整个人都被绿色环绕着。虽然这次我住在二楼最靠边的房间，

但也非常舒服称心。

露天风吕面朝别致的庭院，清新自然。室内大浴场里有一个长近 20 米的浴池，用大块岩石堆砌而成，极为气派。尽管这个浴池非常大，里面的温泉水却始终保持在 64℃ ~ 90℃ 的较高温，给人以极佳的舒适感。

银婚汤共有五处源泉，以及八张泉水水质分析表。室内浴池和附带的露天风吕中使用的是食盐泉，泉水是其中四处的混合泉兑上 10% 的水（含盐量 6708 毫克[2]），Tochini 之汤是自家独立的重曹[3]食盐泉（含盐量 8622 毫克），红叶之汤和桂之汤的温泉则是

两处泉水混合而成的重曹食盐泉（含盐量 7606 毫克）。也就是说，银婚汤的温泉水基本为食盐泉，泉水中含 20% 左右的重曹和将近 20% 的芒硝成分。据我观察，这里的温泉水略有些浑浊，带有一丝盐味和涩味，并且能闻到很多高温温泉都有的油臭味。

旅馆入口处周围林子的造型也很有特点，虽然乍一看不太茂密，似乎没有怎么经过打理，但却呈现出一种回归自然的质朴感。穿过一段铺满鹅卵石的路，再走过一个摇摇晃晃的吊桥，就来到了 Tochini 之汤。Tochini 之汤的温泉池是用一大块树干刨出来的，里面还有些沉淀物，桂之汤则是在一块大岩石上凿出了泡澡的地方，

爬上去能看到其他颇具个性的温泉池。这里有一定的高度，能眺望到河川，泡温泉时仿佛置身于原始的大自然中。

---

1 贷切风吕，指可以包场的温泉。
2 本书中提及的矿物含量均为每千克温泉水中的矿物含量。
3 重曹，即碳酸氢钠，俗称"小苏打"。

P18 图：银婚汤正面玄关绿意盎然，风景优美。/P19 左上图：男性露天温泉的冬季景色。/P19 左下图：露天贷切风吕"橡子之汤"。/P19 右上图："Tochini 之汤"，温泉池是用一大块树干刨出来的。/P19 右下图：男性专用室内温泉池。

冬季的酸汤温泉。八甲田火山群的主峰大岳上，厚厚的积雪非常美丽。

酸汤温泉旅馆

地址：青森县青森市荒川南荒川山国有林酸汤泽 50
最近的车站：JR 青森站

传统木构建筑　著名温泉

>> 旅馆信息、温泉水质数据等请参照 P211

纯桧木打造的巨大千人风吕

青森著名的酸汤温泉因地处雪窝，降雪量极其丰富。这里的温泉历史悠久，自江户时代起就有很多人来这里疗养。凭借丰富的温泉水量以及八甲田山脉优美的自然环境，酸汤温泉于昭和二十九年（1954 年）成为日本第一个国家指定的国民保养温泉。现在，这里已经形成了大规模的住宿疗养设施，盖起了一片不小的建筑群。

其中，最出名的大型建筑便是被称为"千人风吕"的浴池。这个可以男女混浴的空间非常宽敞，由纯桧木打造，足足有 265 平方米，像体育馆一般。顶部采用了格栅吊顶，室内没

有一根柱子，不得不让人感叹设计之巧妙。

温泉使用了自家四口温泉井的泉水，分别给每个浴池注水，其中三口井的温泉水源源不断地注入两个大浴池"热汤"和"四分六分汤"，以及按摩池"汤泷"里。热汤是男女混浴的浴池，虽然乍一看是一整个大池子，但其实在中间对男女区域进行了划分。温泉的出水口在池底，泡在里面能感受到优质的温泉水不断涌出，非常舒适。

四分六分汤和热汤虽然挨着，使用的却是不同的泉水。此外，这两个

浴池名给人的不同印象，以及实际泡进去后感受到的水温反差都很有意思。

热汤的温泉水是从井里打上来直接使用的，没有兑冷水或做其他降温处理，水温却并没有那么高。之所以叫热汤，是因为泡在里面能让身体感到由内而外的温暖。

四分六分汤原本的水温较高，加了少许冷水降温，即便如此，水温还是要比热汤的水温高。据说，尽管四分六分汤的水温比热汤的高，但泡过之后身体热度的持续时间并不会很长，一般四到六分钟热劲儿就退去了，这也是"四分六分汤"这个有趣

名字的由来。

第四口温泉井的泉水提供给了男女分开使用的小浴池"玉汤"。供宾客下榻用的客房有两处，分别是富有特色的旅馆栋[1]和风格质朴的汤治栋[2]，都是木造风格的建筑。

1　旅馆栋，即住宿。
2　汤治栋，即温泉疗养。

● P22 图："千人风吕"里宽敞的空间。最里面的浴池是"四分六分汤"，照片中最前面的浴池是"热汤"。/P23 左上图：室内浴池"玉汤"。/P23 左下图：九月酸汤温泉外观。/P23 右图：质感极好的木质走廊。

青森·温汤温泉

饭塚旅馆

地址：青森县黑石市大字温汤字鹤泉 60
最近的车站：弘南铁道弘南线黑石站
传统木构建筑
>> 旅馆信息、温泉水质数据等请参照 P211

保存至今的古朴温泉疗养旅馆

在温汤温泉广场中心有一个公共浴场叫鹤之名汤，周围是几个两层高的木结构旅馆。在这些旅馆中，首推的就是饭塚旅馆。

我最初来到这里时，包括饭塚旅馆在内的所有旅馆都是客舍的形式，也就是旅馆里没有浴池等泡温泉的设施。来这里疗养的客人可以从旅馆免费拿到鹤之名汤的澡票，自行去泡温泉。虽然以前的温泉疗养旅馆都是这种形式，但温汤温泉最大的特点便是至今依然保留着这种传统形式。我觉得饭塚旅馆的前身应该是饭塚客舍，现在里面打造了室内风吕，以温泉旅馆的形式开门迎客。

此次到访，我一个人住在二楼宽敞的房间里。我没有提前预约，来到这里之后，觉得鹤之名汤周围的建筑在这里看起来最棒，想住住看所以就直接进来了，幸运的是还有空房间提供给我。饭塚旅馆充满了怀旧的氛围，是非常引人注目的温泉建筑。打听后才知道，这里始建于大正时代，已经有百年上下的历史了。

旅馆宽敞的大门口铺的是三合土地面，打开门，漂亮的老板娘便迎我进了旅店并带我到了房间。我的房间正好能看到温汤温泉的广场，窗户很

大，整个房间光线很好，还有一个古朴的壁龛。因为年代较久，冬天在房间里稍微有些冷，但不得不说，房间还是非常舒适的。

泡温泉的地方是一个独立的建筑，和客房不在一起，穿过一个走廊就能走到。浴池是用枪木打造的，泉水从出水口源源不断地注进池子，每分钟最多能注进20升。

这里的泉水无色透明，有一股鸡蛋的味道，水温在40℃~42℃之间。如果觉得水有点烫，也可以随时按照自己的喜好兑冷水调整水温。虽然这里的温泉和共同浴场的温泉水质不一样，但是暖暖的温泉水会让肌肤感觉得到了充分的呵护。浴池洁净，泡在里面非常舒适。

顺便一提，温汤温泉这一带不只是温泉旅馆能泡温泉，就连一般的住家中都有温泉水使用。

● P24左图：室内温泉。白天的时候阳光刚好洒进来，十分舒服惬意。/P24右图：料理选用了能够感受到四季变化的食材，看得出非常用心。/P25图：看得出有些年头的饭塚旅馆的外观，传统的木质结构很气派。

青森·茑温泉

茑温泉旅馆

地址：青森县十和田市大字奥濑字茑野汤 1
最近的车站：JR 青森站

传统木构建筑　足底泉眼

>> 旅馆信息、温泉水质数据等请参照 P212

坐落在山毛榉树林中静谧安逸的温泉旅馆

茑温泉旅馆坐落在一片茂密的山毛榉树林中，是温泉水从地板下的泉眼直接注入浴池的著名温泉之一。本馆是一栋木造旧建筑，依地势而建，有一定的坡度，入口处的唐破风[1]很有特点。位于玄关二楼的客房是这里最值得一住的地方，布置得极为精心。每一个房间里都有壁龛，是传统的日式风格。虽然之前盖了新馆，但如果想来这里体验木构建筑的话，我还是推荐住本馆的房间。好的温泉旅馆，不管来几次都会觉得好，这里前前后后加起来我可能来过十次了。

最近一次是从青森出发前往大汤的时候顺路来到了这里，先泡了泉响汤。浴池和房梁之间最高的高度达到12米，高高的房顶让整个空间显得特别与众不同，清澈的源泉从足底的木板间不断涌出。虽然这个浴室有些泛旧，但呈现出一种时间带来的独特韵味。顺便一提，当年文豪井上靖[2]到访时，很喜欢这里的氛围并吟咏道"泉响飒飒"（意思是赞美这里温泉的流水声音仿佛风吹过一般），这个温泉池也因此被命名为"泉响汤"。

茑温泉旅馆里最棒的温泉要数久安汤。这个温泉池子在一个铺着地板的木造平房里，泉水从脚下的地板缝

隙里源源不断地涌出，水量丰富到令人惊叹，地板上的温泉积水能达到1厘米，很多人会像海狮一样躺在地板上。这里只有一个浴池，以前是男女共浴，现在则改为根据时间交换入浴的形式。

　　浴池旁边的墙壁上安装了一个水槽，附近河里的小鱼在里面自由自在地游来游去。虽然木材已经因为长期使用而变得乌黑，但在这个保留了旧时氛围的温泉旅馆中，依然可以获得非常舒适的温泉体验。

1　唐破风是日本仿唐建筑中正门屋顶上的装饰部件。
2　井上靖，日本著名作家、诗人和社会活动家。

P26 左图：茑温泉旅馆外观。旅馆后面是一大片茂密的山毛榉树林。/P26 右图：重新装修的西馆三楼客房"趣"，房间里的木工艺品是曾在昭和三十五年（1960 年）建造的别馆中摆放过的工艺品。/P27 图：宽敞的男女混浴风吕"泉响汤"。

地址：岩手县花卷市铅字中平 75-1
最近的车站：JR 东北本线花卷站
传统木构建筑　足底泉眼
>> 旅馆信息、温泉水质数据等请参照P212

本馆的特别房间——13 号房，透过窗户就能欣赏到瀑布的美景。

岩手・铅温泉
藤三旅馆

天然岩石打造的气派浴池

藤三旅馆虽然鲜为人知，但却是能够代表岩手县花卷南温泉峡的铅温泉。这个三层的木构建筑十分气派，虽然有些泛旧，却依然保留着独有的气势。

我这次住的不是旅馆部，而是汤治部，正好是我喜欢的风格。住宿费很便宜，令我吃惊的是，餐食是直接送到房间里来的。吃完饭后，自己将碗碟放到走廊上，等着工作人员回收。我观察了一下，大部分客房门口都放着空碗碟，可见人们来这里都会选择带餐饮的套餐，而不仅仅是住宿，这也足以说明这里的料理得到了

大家的认可。小长假之类的假期时，有很多的年轻人来这里泡温泉。据说平成二十六年（2014 年）时，这里还开设了可供客人聚餐的场所。

近几年，藤三旅馆对旅馆部进行了翻修，客房的精致程度简直超乎想象。旅馆部分为两部分，分别是木结构的本馆和钢筋结构的别馆，如果想体验氛围可以选择本馆，想追求舒适度的话则推荐别馆。这里拥有一种独特且雅致的味道，相信只要来过的人都会有这种感觉。

藤三旅馆里最有特色的要数白猿汤了，其整体空间非常大，天花板也

很高。浴池是用天然岩石凿出来的，而且是足底泉眼，池深1.25米，人们要站在里面泡温泉，极为少见。作为温泉水自然喷出的天然岩石风吕，这个浴池拥有日本第一的深度。室内有三层楼高，再加上常年使用的浴池，给人一种派头十足的感觉。站在里面泡温泉时，无味无臭的优质泉水从足底的泉眼中不断涌出，让人非常享受。

另一个大浴场是桂汤，分为室内温泉和露天温泉，男女分开使用。在地势较低的沿河位置，还多设了一个男性浴池。

此外，这里还有可以一边泡温泉一边欣赏瀑布的半露天风吕"白丝汤"、方便残障人士使用且可包场的

"银汤"等各种形式的浴池，来到这里的客人可以根据喜好和需求自由选择。

P30图：旅馆部玄关处的夜景，屋内亮起的灯光将夜晚的旅馆点缀得如画一般。/P31左上图：浴池是用天然岩石凿成的"白猿汤"。/P31左下图：近距离感受潺潺水声的"桂汤"。/P31右上图：朴素典雅的汤治部客房。/P31右下图：汤治部的厨房。

地址：岩手县花卷市汤口日荫坂 123
最近的车站：JR 东北本线花卷站
茅草苫顶　传统木构建筑
>> 旅馆信息、温泉水质数据等请参照 P213

菊水馆的外观，大大的茅草苫顶非常漂亮。

岩手・大沢温泉

菊水館

在茅草苫顶的旅馆中缓解旅途的疲劳

　　大泽温泉位于铅温泉的下游，是一个很大的温泉旅馆。旅馆分成三部分，分别是近代日式风格的客房山水阁、朴素木结构的自炊部以及菊水馆。其中，茅草苫顶的菊水馆独具特色，很难预约到房间。

　　菊水馆是一个只有一层高的木结构日式建筑，房顶由茅草搭盖而成，与秋田县乳头温泉鹤汤里的"本阵"有些相似。客房是面向河川的和室，虽然并不觉得特别精致，但这种古风古韵的茅草屋，能让人暂时忘掉都市的喧闹与忙碌。在那些钢筋水泥搭建的如同高级公寓般的温泉旅馆里，是

断然体会不到这种穿越回古代般的返璞归真的。也正是因为如此，人们才更加向往这里。

　　我这次来的时候，菊水馆和自炊部的房间都已经客满了，所以很遗憾没能住上一晚，只能是早上泡个温泉，当天就回去了。

　　大泽温泉水量相当丰富，每分钟可涌出 753 升。我最先泡的是著名的男女混浴的大露天风吕"大泽汤"。这是一个位于丰泽川沿岸的露天风吕，泉水清澈见底，泡在里面时就能看到对面菊水馆的茅草苫顶。大泽汤的温泉水透明、无味无臭，水质柔

滑，据分析表上的数据显示，这个温泉是51℃的碱性单纯温泉。

接着，我泡了菊水馆的室内温泉"南部汤"。南部汤的浴池是木质的，地上铺着十和田石地板，有一扇大窗户，完全不觉得闷，感觉更像是一个半露天风吕。自炊部的大浴场则是水泥建造的药师汤，里面有两个浴池。

最后，我泡了山水阁里的"丰泽汤"。虽然是巨大的石头堆起来的室内温泉，但同样有一扇大窗户，感觉也比较像半露天的风吕。据说，冬天时这里会再多加一扇玻璃门，阻挡室外的严寒。

此外，这里还有女性专用的露天风吕"川边汤"，以及可以包场供一家人一起泡的温泉，不过仅限住在山水阁的客人使用。

● P34 图：两间相通的客房，窗外的枫叶非常美丽。/P35 左上图：木质"南部汤"。/P35 左下图：单间的客房。/P35 右上图：自炊部的露天风吕"大泽汤"。/P35 右下图：别致的茅草苫顶。

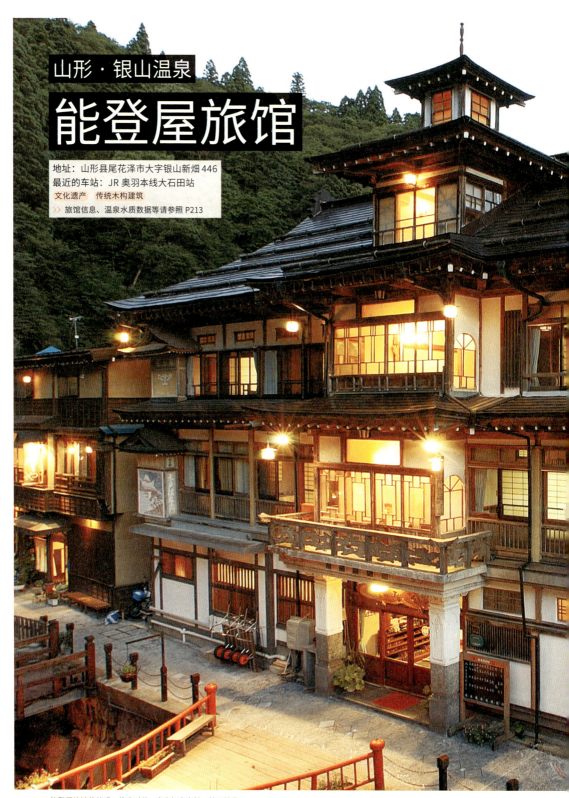

山形·银山温泉

能登屋旅馆

地址：山形县尾花泽市大字银山新畑 446
最近的车站：JR 奥羽本线大石田站

文化遗产　传统木构建筑

>> 旅馆信息、温泉水质数据等请参照 P213

能登屋旅馆的外观。傍晚时分，室内灯光亮起，美不胜收。

洋溢着大正浪漫气息的木结构老店

银山温泉的街道非常漂亮，河两岸三层木结构旅馆连成一排，像这样的温泉街道在整个日本都不多见。根据《住房保存条例》的规定，这里原封不动地保留了大正时代的风格，其中最引人注目的要数能登屋旅馆，是国家登录的有形文化遗产。

银山温泉街上的建筑有妻入、平入[1]等不同形式。能登屋旅馆是平入式，每一层都有屋檐，看上去比其他建筑更精致，整体是五层的建筑，主体有三层，上面还有两层阁楼，每一层都有小屋檐突出来，房顶和天花板之间的隔层相互连接，就像五重塔一样。窗套上是水泥匠用石灰制作的图案，上面写着开拓出银山温泉的鼻祖木户佐左门的名字，还涂上了颜色。

我曾经在这里住过一次，印象中住的是旧旧的木结构旅馆三层的一个房间，非常舒适。一个人来到这条街找一个沿街的房间住下，看着外面的街景，就会有一种浓浓的旅情，并不禁感叹"原来古时的日本旅馆街是这个样子的啊"。

这几年，我又再次到访银山温泉，去泡了能登屋旅馆的地下浴室。我印象里这里以前是铺着马赛克瓷砖的小浴室，但现在墙壁被重新粉刷，

摇身一变成为了洞窟风格的贷切风吕。这里的温泉水是温泉成分含量[2]达2120毫克的含硫黄食盐泉，根据水质状况有时会呈现出白浊色，但我这次泡的时候，温泉水是透明的。此外，银山温泉的水有一股浓浓的盐味和硫黄的臭味，非常有泡温泉的实感。

如同其名，银山温泉曾经是有一座银山的，当时很多矿工来这里开采。希望这个拥有悠久历史的街道能够和妻笼、马笼、大内宿等街道一起，一直完好妥善地保存下去。

1　妻入，意指在建筑的山墙上开门；平入，意指在建筑的檐墙上开门。
2　温泉成分含量指温泉中矿物质微量元素的含量，本书中所指均为每千克温泉水中的含量。

🔴 P38 图：客房的样子。/P39 左图：爬上楼梯以后来到了"展望露天风吕"，从这里可以看到瀑布。/P39 右上图：本馆"春雨间"。/P39 右下图：石窟一样的贷切风吕。

地址：山形县鹤冈市汤田川乙 38
最近的车站：JR 羽越本线鹤冈站
传统木构建筑　日式流行
>> 旅馆信息、温泉水质数据等请参照 P214

石质的露天风吕，木板小路连接起了室内和室外。

山形·汤田川温泉

汤殿庵

保留了大正风情的茶室式建筑

汤田川温泉与汤野浜温泉、温海温泉并称为山形县鹤冈周边的三大温泉。虽然山形县以几乎每个市村镇都有温泉而闻名，自古以来就有极其丰富的温泉资源，但挖掘出来的温泉与天然涌出的温泉还是有很大区别的。汤田川温泉是有着悠久历史的天然温泉，古代时曾被庄内的藩主当温泉疗养地使用。

说到汤田川温泉中的共同汤，那就不得不提"正面汤"了。这是一个使用优质流动泉水的公共浴场，有着砖瓦打造的歇山顶，特别漂亮，前面的木结构建筑便是汤殿庵。

虽然汤田川温泉一带有不少温泉旅馆，但我最初到访这里的时候，沿着温泉街逛一圈下来，就数汤殿庵看起来最好，于是便下定决心，下次来的时候一定要住在这里。无论是深处的玄关，还是歇山顶上的一砖一瓦，都让人觉得气派非凡。这个建筑似乎是以大正末期传统茶室式建筑为参考设计建造的。

这次我终于如愿住到了这家旅馆，玄关附近的和风木结构建筑是餐厅，住宿是在后面的新楼。虽然此次温泉之行很遗憾没能住进传统日式风格的房间里，但也非常舒适。

　　汤殿庵的外观是纯和风的，走廊和大厅等公共区域也是日式设计，房间则完全是西式的。这里的泉水用的是属于石膏芒硝泉的汤田川一号泉，透明且无味无臭，水质清澈。

　　汤殿庵有两个浴池，一个是大大的丝柏木浴池，和"正面汤"一样，另一个是花岗岩打造的室内浴池，两个浴池的天花板都很高。由于是按时间段男女轮换，所以两个浴池我都泡到了。

　　花岗岩打造的石风吕里还带一个露天风吕，设计也是令人赞不绝口。旁边种植的一小片竹子，与木板路尽头的浴池搭配得也极为绝妙。

P42 图：二楼的休息处。可以一边小憩，一边欣赏院子里的花草树木。/P43 左图：古民宅风格的汤殿庵外观。/P43 右上图：令人能够全身心放松的床铺。设计之初连照明这种小细节都考虑到了。/P43 右下图：一楼的客厅，黑色的房梁和立柱是设计上的点睛之笔。

地址：山形县米泽市大泽 15
最近的车站：JR 奥羽本线峠站

传统木构建筑

>> 旅馆信息、温泉水质数据等请参照 P214

宽敞的入口处有着古朴的温泉旅馆特有的味道。

山形・滑川温泉

福島屋

在木构旅馆中体验当年的旅行情怀

有一次我从藏王出发经过米泽进行温泉巡游时，来到了滑川温泉并住到了福岛屋。我以前也来过这里，但没留宿，泡完温泉就离开了，因此这是我第一次住在这里。虽然这里的路比以前好走了，但依然是一个隐蔽在深山中的温泉旅馆。在漆黑的小路上走了很久，终于到了旅馆。虽说位置隐蔽，但现在这片区域已经比较出名了，有姥汤、大平、滑川等不少温泉旅馆。因为一路过来要花费不少时间，所以这边的温泉几乎都保留着原本的样貌，没有为了迎合潮流而改变。

如今，像福岛屋这样古老的木构旅馆已经很少见了。我是只身前来，只有"自炊栋"有空房间，于是便被安排住在了那里。我喜欢怀旧风格的房间，这里反而如我所愿了。亮黑的走廊、踩上去吱吱响的楼梯、房间之间只通过走廊和拉门隔开，原封不动地保留了当年的样貌。虽然我这次来是九月末，但房间里依旧需要点石油炉子取暖。白天时我已泡了好几个温泉，稍微有些疲惫，到了晚上更适合泡在池子里放空。平时泡温泉的时候，我总是在留心观察泉水的水质，或者考虑如何取景拍照之类的事情，很难尽情享受泡温泉的乐趣。这次来

福岛屋，我终于如愿忘却杂事，好好享受了一番。

晚餐的饭菜不是那么豪华，不过味道很好。吃完后，我去了室内温泉泡澡，以消除白天赶路的疲乏。这里也有女性专用的室内风吕，但室内的石头风吕、露天的岩石风吕和露天的丝柏木浴池基本都是男女混浴的。顺便介绍一下，丝柏木浴池可以包场，能同时供五六个人一起泡。

室内温泉使用的泉水是含硫黄和石膏成分的重曹泉，水温达53.6℃。尽管温泉成分含量仅1232毫克，但硫黄的效果却非常显著。泉水呈淡淡的白浊色，有股鸡蛋味，还有股硫黄的臭味。

露天的岩石风吕中所使用的泉水和室内的基本相同。在离河岸稍远一点儿的地方，还有一个石块搭建的浴池，水比室内的更清澈，但拍出来看也比较白浊。不过，这样倒更有温泉的氛围。

● P46图：男女混浴的室内温泉，房顶很高，不会因为水蒸气聚集而变得雾蒙蒙的。/P47左上图：客房内部。/P47左下图：从靠河的房间窗户眺望出去的美景。/P47右上图：有一定年头的木楼梯。/P47右下图：露天的岩石风吕就在小河的旁边。

福岛·会津东山温泉

向泷

地址：福岛县会津若松市东山町汤本川向200
最近的车站：JR 磐越西线会津若松站

文化遗产　传统木构建筑

>> 旅馆信息、温泉水质数据等请参照 P215

建造在大斜坡上的客房。房顶的砖瓦层层相叠，既精巧又美观。

匠心独运的会津著名温泉旅馆

东山温泉距离会津若松比较近，也被称作会津的奥座敷[1]。这里自古以来就因拥有优质芒硝泉和石膏泉而远近闻名，其中最华美气派的要数向泷了。它也是日本首个被登录为国家有形文化遗产的建筑，是代表东北地区的著名旅馆。沿河的地理位置加上美轮美奂的外观，令人赞不绝口。

走过石桥，我来到了向泷，二楼是宽敞的大厅，有着巨大房顶的玄关十分别致。这里始建于明治时代至昭和时代初期，昭和十年（1935年）大幅扩建。红色的看板上，大大的"向泷"两个字是这里的标志。大门口有

停车的门廊，方便旅客出入。

从玄关进入旅店内，带有池塘的中庭一下子映入眼帘。整个旅馆按照后山的地势建造，看起来像台阶一样。由于每层楼高不同，所以部分房顶是交叠的，精妙别致。

我这次住在"桔梗间"，窗外是中庭盛开的樱花。大厅的房顶是格栅吊顶，整齐划一。房间均为日式，分为茶室风格和传统的书院风格。

两个大浴场"狐汤"和"猿汤"位于半地下。狐汤里的浴池位于正中央，四四方方，贴有瓷砖，泉水是向泷自家的泉源，收拾得非常干净。温泉出

水口处附着着白色的沉积物，由此看出了时间流过的痕迹。猿汤的整个房间都用大理石装修，墙壁采用了蛇纹石，上面用一个裸女的浮雕做装饰。

此外，这里还有三个贷切风吕，岩石打造的浴池非常舒服。贷切风吕和猿汤的泉水混合了向泷自家的泉水和使用者工会提供的泉水，透明，无味无臭，清澈干净。主建筑旁边的浴室像贵宾室一样，虽然面积不大，但格栅吊顶和白色浴池令房间看起来极为精致。

冬天时，这里点亮的"雪见蜡烛"非常有名；夏天时，栖息在中庭池塘里的萤火虫平添了一丝浪漫。此外，向泷的料理也是又精致又美味。

---

1 奥座敷，内宅、内庭、后院的意思。

● P50 图：向泷的外观。走过石桥就来到玄关。/P51 左图：庭院里的"雪见蜡烛"点亮后，冬季的雪景不再单调。/P51 右上图：大理石打造的"猿汤"。/P51 右下图：半圆形的拉门是房间"菊间"的特色。

穿过这条古朴的走廊，就到了日式料理店"匠庵"。

宫城·镰先温泉

汤主一条

地址：宫城县白石市福冈藏本字镰先1-48
最近的车站：JR 东北本线白石站
传统木构建筑
>> 旅馆信息、温泉水质数据等请参照 P215

出自能工巧匠之手的建筑杰作

汤主一条的特点之一是建筑的多样性。旅馆最突出的要数本馆，出自修建宫殿的工匠师傅之手，整个建筑未使用一根钉子，已经达到了文化遗产的级别。本馆在大正时代动工，昭和时代初期竣工，共有四层，窗户使用了三层玻璃，一部分甚至用了四层玻璃。看到这座建筑的人们，都会被其宏伟壮观所折服。

本馆中有一个日式料理店"匠庵"，里面全部是单间，非常受客人欢迎。大部分到访这里的人应该都是冲着本馆来的。

这次到来，我最想住的是本馆中

带些乡土气息的客房。现在，像汤主一条这样纯木结构的旅馆已不多见。在这里，可以感受到从大正时代保留至今的东北地区特有的质朴与亲切，收获许多小小的感动，那种感觉就如同看完一部老电影，散场后重回现实世界一般。正因为汤主一条在小心翼翼保护传统的同时，又考虑到现代人的感觉，所以在各种住宿、美食、服务等温泉旅馆的排行榜上，都能占据上位。

此外，这里的温泉水自古以来就被认为有疗伤神效，为了恢复术后伤口、治疗烫伤和腰酸腿疼等问题而到

访的人络绎不绝。顺便一说，我之前来这儿的时候，旅馆里还有一个汤神社，人们在里面摆放了数不清的石膏和拐杖，现在为了保护神社，已经不让放了。

汤主一条拥有两个源泉：一个是约有六百年历史、水质温和的"药汤"；另一个是可令肌肤光滑的"洞窟汤"，都是钠盐化合物温泉（芒硝食盐泉）。此外，还有带露天风吕的大浴场以及能让全家人一起泡的风吕可供选择。露天风吕的浴池上面搭盖了一个顶棚，到了秋天可以一边泡温泉，一边欣赏火红的枫叶。再往远处

眺望，还能看到被列为市级重要文化遗产的橡树。

P54 图：面积约有 16.6 平方米的客房。/P55 左上图：女性专用带露天风吕的大浴场。/P55 左下图："一条套房"的客房。/P55 右上图：木结构的本馆。/P55 右下图："汤主套房"里的露天风吕。

温泉基本用语辞典

● 饮泉 / 日语：飲泉 ［いんせん］

意为饮用温泉水。但要注意的是，能够饮用的只有获得许可的新鲜温泉水。根据水中所含的成分，有些温泉水对肠胃病等病症具有一定疗效。

● 温泉 / 日语：温泉 ［おんせん］

昭和二十三年（1948 年）颁布的《温泉法》中对温泉进行了定义——从地底冒出的温泉水、矿泉水、水蒸气和其他气体（以甲烷为主要成分的天然气除外），并达到附表中规定的温度，或拥有附表中所列举出的物质。此外，温度基准是指从泉源开采出的泉水的温度，应在 25℃ 以上。也就是说，根据《温泉法》的规定，无论水中是否含有温泉成分，只有其源泉的水温在 25℃ 以上，才能称为温泉。本书中所介绍的温泉，均为温泉成分含量很高的真正的温泉。

● 共同汤 / 日语：共同湯 ［きょうどうゆ］

在日语中，也称为"外汤"或"共同浴场"，主要指在温泉地区由当地人管理的温泉设施。在比较大规模的、年头较久的温泉地区，肯定会有共同汤的存在，而且往往会成为当地的地标。

● 源泉 / 日语：源泉 ［げんせん］

指没有经过加水或加热，从地底直接涌出的温泉水。

● 源泉水不断注入 / 日语：源泉かけ流し ［げんせんかけながし］

指新的温泉水一直不断地注入到浴池中，浴池因此保持着新鲜干净的温泉水满到溢出来的状态。因为并没有循环使用这些温泉水，所以源泉的成分被直接保留了下来。这种形式的温泉非常奢侈。

● 自家源泉 / 日语：自家源泉 ［じかげんせん］

指温泉旅馆等个体设施自己拥有的温泉源，而不是从公共的源泉引水过来使用。如果源泉在用地范围内的话，可以直接将最新鲜的温泉水注入浴池中，最大限度地保证温泉水的高品质。

● 自然涌出泉 / 日语：自然湧出泉 ［しぜんゆうしゅつせん］

指像喷泉一样从地下自然涌出的温泉，最理想的温泉涌出形式。现在的温泉大多并非自然涌出，而是通过开采获得，分为通过钻井再靠温泉自身的喷力涌出的"掘削自喷泉"、钻井后再用水泵汲取上来的"动力扬温泉"等多种类型。

● 立汤 / 日语：立ち湯 ［たちゆ］

指很深的浴池，也被称为"深汤"。进到立汤里泡温泉时，身体受到的水压较强，因此能更好地促进血液循环。

● 入汤税 / 日语：入湯税 ［にゅうとうぜい］

市町村对泡温泉的人征收的税金，这些税金用来保护温泉源，以及治理当地的环境。也有一些自治体不收取入汤税。

● 温汤 / 日语：ぬる湯 ［ぬるゆ］

指温度接近体温，即 35℃ ~37℃ 的温泉，可以在里面泡比较长的时间，温泉成分能更好地被人体吸收。此外，温汤还具有平稳血压和放松身心等功效。

● 分析表 / 日语：分析表 ［ぶんせきひょう］

记录有涌出地点、氢离子浓度指数（pH）、温泉水温度、泉质名称、泉量以及成分总量等温泉重要数据的表。只要看到分析表，就能够清楚知道这是什么样的温泉。由于《温泉法》规定必须向顾客出示分析表，所以这张表多被贴在更衣室等地方。

● 蒸汤 / 日语：蒸し湯 ［むしゆ］

指将含有温泉成分的水蒸气聚集到浴室里进行蒸汽浴，通过蒸的方式增强吸收效果。有将蒸汽聚集到箱子里、只露出脑袋的"箱蒸"，还有用温泉先把沙子加热、再用沙子把身体埋起来的"砂蒸"等各种各样的形式。

● 汤口 / 日语：湯口 ［ゆぐち］

指引流过来的温泉在注入浴池时通过水龙头的部分。汤口附近的温泉是最新鲜的温泉。

第二章

关东

地址：群马县利根郡水上町永井 650
最近的车站：JR 上越新干线上毛高原站
文化遗产　著名温泉　足底自喷
>> 旅馆信息、温泉水质数据等请参照 P216

明治二十八年（1895 年）建造的"法师乃汤"，日式和西洋风结合的风格。

群马·法师温泉

长寿馆

从沙粒缝隙中涌出的顶级温泉

法师温泉的长寿馆里给人印象最深的是两层木结构的本馆，始建于明治八年（1875年），是这里最古老的建筑，与建于明治二十八年（1895年）的法师乃汤以及建于昭和十五年（1940年）的别馆一同被登录为国家有形文化遗产。

进入本馆，仿佛被烟熏过一般的黑色柱子和房梁，与白色墙壁相互映衬，屋顶用丝柏树皮搭建。法师乃汤的屋顶为拱形，同样使用了丝柏树皮。

进入玄关，首先看到的是地板被打磨得锃亮的大厅，非常宽敞，摆着神龛、立式钟表和用树干制作的地炉，带着一丝风雅的趣味。

这次我住在了本馆二楼的房间，从房间里能眺望到小浴场"长寿乃汤"的建筑以及小溪，景色相当不错。房顶有那种老建筑特有的房梁，我非常喜欢。从本馆出发，走过一条河，就到了别馆和薰山庄，穿过走廊就是法隆殿。

法师乃汤里面有四个大木框，中间横着一根圆柱子，看起来像把整个池子分成了八部分。每面墙上都有三扇大窗户，上面还设计了拱形的小窗户，为整个浴室营造出一股怀旧的西洋风格。

　　这里的温泉是自喷温泉，泉水会从足底的沙粒缝隙中涌出。最外面两个浴池的泉水是将更衣室地下涌出的泉水引流过来的，从上面注入。在足底自喷源泉泉水量很足的地方，可以看到丰富的气泡，如果正好站在出水处上面的话，感觉又奇特又舒服，气泡还会顺着身体浮出水面。因为温度适中，可以在里面泡久一点，不一会儿，就会感觉身体轻飘飘的，完全放松下来。

　　玉城乃汤是单纯泉和芒硝石膏泉，泉水很清澈。这里采用按时间段男女交换的形式泡温泉，里面有室内温泉和露天风吕两种类型。

　　长寿馆拥有别具一格的特色，料理也非常好吃，能让人全方位地享受一次温泉之旅。作为一个温泉旅馆，这里完全不存在被扣分的地方，所以我想给它打满分。

<hr>

1　与谢野晶子，日本古典诗人、作家、教育家。

● P60 图：本馆、法师乃汤和玉城乃汤的外观。/P61 左上图：玉城乃汤的露天风吕。/P61 左下图：玉城乃汤的室内温泉。/P61 右上图：本馆 的玄关。/P61 右下图：本馆中与谢野晶子[1]曾下榻过的房间。

YEBISU 屋

地址：栃木县那须盐原市汤本盐原 153
最近的车站：JR 东北新干线那须盐原站
传统木构建筑
>> 旅馆信息、温泉水质数据等请参照 P216

古色古香的木头浴池

盐原温泉乡有一条清澈美丽的帚川，溪谷沿岸有很多温泉。这些温泉被称为"盐原十一汤"，从下游开始数分别是大纲、福渡、盐釜、畑下、古町、门前、中盐原、盐汤、新汤、上盐原和最上游的元汤。元汤是很浓的硫黄泉，大纲是芒硝泉，福渡和盐汤是食盐泉，新汤则是火山性酸性硫黄泉。也就是说，仅在盐原温泉乡这一个地方，就能享受到好几种不同泉质的温泉，非常值得去体验一番。

传说，盐原元汤是平安时代[1]初期被高僧空海发现的，具有悠久的历史。据说在江户时代[2]初期，这里兴

盛一时，还凭借着众多温泉旅馆享有"元汤千轩"之名，但 1659 年发生了山体滑坡，除了北部地区以外的温泉全部被山石掩埋。现在，这里有三家温泉旅馆，只有 YEBISU 屋沿用了传统的木结构建筑，做着温泉生意。

YEBISU 屋拥有两种温泉：一种是碳酸泉"梶原汤"，属于温汤；另一种是盐原这一带唯一的间歇泉"弘法汤"，水温较高。

弘法汤浴池壁上的沉积物厚到令人有些吃惊，出水口下面像一个圆滚滚、白花花的肚皮，地板也因为一直被温泉水浸泡而布满了鱼鳞状的沉积

物，看起来颇为壮观。我听说之前由于沉积物过厚导致浴池变得狭小，还曾经做过清除。浴室是木结构的，虽然也有女性专用的，但基本上是男女混浴。差不多每隔五分钟，就会"哗啦"一下子从出水口涌进大量新鲜的泉水。由于水温太高，夏天时如果不加少量冷水降温，人根本泡不进去。

我在泡弘法汤的时候，其他的客人都在泡梶原汤。弘法汤的泉水颜色白浊，能够感觉到咸涩味和淡淡的碳酸味，而梶原汤则是盐原这一带最古老的源泉，颜色是比较淡的白浊色。虽然硫黄的臭味比较轻，却有一股碳

酸和鸡蛋混合在一起的味道。泉水中重曹的含量比食盐更高，是含硫黄的食盐重曹泉。

1　平安时代，794 年至 1192 年，也有史学家认为应从 784年开始。
2　江户时代，1603 年至 1867 年。

P62 图：绿意盎然的 YEBISU 屋外观。/P63 左上图：照片最前面的浴池是梶原汤，里面的是弘法汤。/P63 左下图：涌出大量温泉的出水口。/P63 右上图：客房。/P63右下图：女性专用风吕。

大丸温泉旅馆

地址：栃木县那须郡那须町汤本 269
最近的车站：JR 东北本线新白川站
传统木构建筑　乡土风格
≫ 旅馆信息、温泉水质数据等请参照 P217

气势磅礴的汤川，令人赞不绝口

大丸温泉旅馆位于那须温泉乡的最深处，海拔比较高，旁边就是缆车的乘车点。如果有机会的话，可以体验一下居于云海之上的奇妙感受。这家温泉旅馆建造在一个斜坡上，是一栋帅气的木结构建筑，在日式流行风格的基础上添加了西洋风格的元素，可以说是尽可能地去除了日本现代和风建筑大师吉田五十八装饰风格的"新和风"。日式房间的装修和布置恰到好处，没有一丝多余之处，深受女性顾客的喜爱。

大丸温泉旅馆的汤川，只要看到的人就会赞不绝口，我曾多次到访。

这里源泉丰富，可以引流给下游的温泉旅馆。泉水清澈透明，看不到任何杂质，无色无臭，在日本算得上是屈指可数的温泉。

整个汤川都是温泉水，大致可分为三个男女混浴的露天风吕。位于男性室内浴池"白桦汤"门口的汤川大得像个池塘，上游的温泉水像小溪一样流过来，我觉得这个水量在日本国内都是数一数二的。高温的温泉水从池底涌出，和上游的温泉水融合起来，温度刚刚好。池底铺着沙石，在阳光的照射下闪闪发光。

上游有一个紫阳花汤。在小瀑布

水流突然湍急起来的地方，还有一个像池塘一样的浴池，叫蓟汤。除了这几个浴池外，上游还有女性专用风吕，室内温泉里还有贷切风吕，总之有各种形式的温泉供顾客选择。

在那须温泉乡，杀生石[1]附近的高温温泉"鹿汤"远近闻名。鹿汤有三个浴池，温度分别为44℃、46℃和48℃，48℃的浴池连十秒钟都待不下去。这个温泉也被称为"鹿汤源泉"，是颜色白浊的酸性硫黄泉。

除此之外，这里还有褐色的弁天温泉以及水量丰富的硫黄泉"高雄汤"等极具特色的温泉。如果有机会到访这里的话，建议一定全都泡个遍。

---

1 杀生石是那须温泉附近的熔岩。

● P64 图：整个温泉像河流一般的白桦汤。/ P65 左图：大丸温泉旅馆的外观，灯笼为玄关处增色不少。/P65 右上图：别馆的客房。在宽敞的房间里能彻底放松下来。/ P65 右下图：吃饭的地方。这里可以享用到那须最新鲜的食材。

横手馆

地址：群马县涩川市伊香保町伊香保 11
最近的车站：JR 上越线涩川站
传统木构建筑
>> 旅馆信息、温泉水质数据等请参照 P217

宝永年间创建，深受文豪喜爱的温泉老店

伊香保温泉一带尚保留着传统木结构建筑的，除了被指定为文化遗产的伊香保观光酒店外，就只有千明仁泉亭和横手馆两家了。

横手馆的本馆是一个四层高的丝柏木建筑，这一建筑将大正九年（1920 年）建造之初的设计风格原封不动地保留了下来，上面的木格子精巧又雅致。每一层顶部都设计了房檐，整体看上去极为华美。进入玄关，就能看到温馨舒适的大厅，走廊和楼梯都擦得锃亮，更体现了日式建筑的优美。这里或许可以称得上是伊香保木构建筑之最了。说实话，我觉

得横手馆没有被指定为文化遗产，简直不可思议。

预约房间时，我提出想要一个别致典雅的房间，于是被安排在了本馆三楼最靠边的阿良良木间。这个房间的照片被用在了旅馆的宣传册上，房间里的格子拉门和纸拉窗上几何形状的镂雕无不显示着建造者在细节上的用心。用镂雕装饰的纸拉窗与茶绿色的墙壁完美映衬，房间里装了栏杆，形成一条窄窄的过道。纸拉窗除却木框的精致典雅之外，还用了花鸟等镂雕做装饰。这种连细节之处都考究至极的设计，真是让人满足不已。

　　这里的窗框全是木头的，里面虽然没装空调等制冷设备，但由于地处海拔较高的伊香保，即便是炎炎夏日，只要打开电风扇，也足够凉快了。想来这样做，也是为了最大限度地保证建筑的原始面貌吧。至于冬天，估计就要靠被炉取暖了。现在，像横手馆这样完全采用比较原始的方式度夏过冬的温泉旅馆，在整个日本都非常少见了。

　　浴室有两个：一个是室内温泉"月光汤"，浴池很大，有着不规则的弧度设计；另一个是较小的浴室"折鹤汤"。此外，还有三个贷切风吕，使用

的温泉水是伊香保特有的红色温泉水。我进去泡的时候，池子里的温泉水还没有经过彻底氧化，所以尚未完全变红，呈现出一种绿褐色，能够切实感受到温泉水质的新鲜。泡的时候，还能闻到一股铁锈和金属的味道。

P66 图：四层高的本馆外观。/P67 左上图：贷切风吕"壹番"，里面有木头的清香，很好闻。/P67 左下图：大浴场"月光汤"。/P67 右图：位于本馆西栋的客房"若竹间"。

白色的房顶华美又气派，能够让人感受到这家百年老店的庄重。

草津旅馆

地址：群马县吾妻郡草津町 479
最近的车站：JR 吾妻线羽根尾站
传统木构建筑
>> 旅馆信息、温泉水质数据等请参照 P218

白墙银顶的草津百年老店

草津温泉以温泉水量丰富闻名。虽然如果算上水泵汲取出的温泉水量，目前全日本排名第一的是别府温泉，但要说自喷涌出的温泉水量，草津温泉是当之无愧的第一。

草津温泉拥有万代矿和汤畑等源泉，均属于强酸性泉，有些地方写草津温泉是硫黄泉，其实是不对的。只要看到汤畑的温泉出水量有多么大，就一目了然了。

这一带保留着一些传统的三层木构建筑。汤畑附近的旅馆相互合作，将这里打造成了一个和风村，其中最具风格的，绝对是这家草津旅馆了。

传统的和风三层建筑宏伟华丽，大门所在的那栋楼是采用了歇山顶设计的两层木构建筑，雪白的墙壁搭配银色的房顶，既和谐美观，又不失传统韵味。与之相对，内部装修则全部翻新，简洁干净。大门口设计了车挡，还有屋顶用来遮风挡雨。整个建筑用了很多横梁和柱子，看起来像城墙一样。

大约五年前我来这里时，是穿过志贺高原才到达的。翻过涩峠山后，我进入草津温泉这一带，路过草津旅馆的时候，进去泡了个温泉。西边河原源泉的泉水源源不断地注进温泉池

中，泉水透明清澈，有股强酸味，但
没有臭味。两个紧挨的浴室都铺着花
岗岩的地板，里面的浴池全部由伊豆
石打造而成。此外，还有两个有木顶
的露天温泉，以及贷切风吕和泡脚用
的足汤。

　　在那之后，大约两年前，为了录
日本放送协会（NHK）的一档节目，
我再次到访草津。当时我住在草津旅
馆三楼一间名叫"翁间"的客房。室
内装修是传统的书院风格，精致典
雅，窗边还有一个小走廊一样的空
间，十分特别。我觉得当时住的那间
客房，是整个旅馆里最棒的一间了。

● P70 图：露天风吕"琥珀汤"。/P71 左上
图：可以眺望窗外景色的休息区。/P71 左
下图：本馆三楼的"翁间"。/P71 右上图：
草津旅馆的玄关。/P71 右下图：面朝庭院
的"足汤"。

群马·雾积温泉

金汤馆

地址：群马县安中市松井田町坂本 1928
最近的车站：JR 信越本线横川站

传统木构建筑

>> 旅馆信息、温泉水质数据等请参照 P218

温馨的山间温泉旅馆

雾积温泉是坐落在山中的温泉。从横川出发，沿着旧碓冰峠的道路一直开，继续深入才能到达。这里海拔1180 米，虽然我到访的时候已经是四月中旬，但阳光照射不到的地方依然能够看到积雪。

通往金汤馆的道路很狭窄，通行的车辆几乎无法并排通过。旅馆的大门口有一架水车，据说到了冬天，整架水车都会结冰。

金汤馆的本馆是明治十六年（1883年）建造的木构建筑，至今仍保持着当初的样貌。二楼的房间从外观上看有些老旧，但里面是重新改造过的，

很新而且很干净。这里保持着最原始的状态，就算被评为文化遗产的话，也是实至名归。

旅馆的大门口和房间的布置与这里的整体氛围很协调，给人一种治愈的感觉。虽然老旧木构建筑的温泉旅馆隔音效果不好，能清楚听到隔壁的声音，走在楼梯上还会吱吱作响，但对于平时住在都市钢筋水泥公寓中的我来说，这种声音和感觉反而难能可贵。也正是因为如此，我特别喜欢这种木结构的温泉旅馆。到访金汤馆，这都已经是第四次了。

这里的温泉水透明、无臭，但有

少许苦味。仔细观察就会发现，因为是源泉不断注入的温泉形式，泉水有一股淡淡的硫黄味和石膏烧焦了的味道。泉水温度偏低，只有39℃，冬天一旦泡进来，就不想出去了。虽然可能有人不喜欢这种温泉，但它确实是非常优质的泉水。

　　这里的温泉几乎都是石膏泉，因此能闻到一股硫黄味，这种感觉很特别。泡在里面的时候，皮肤表面会有很多小气泡。气泡的样子很难用照片拍出来，如果录像的话就一目了然了。每分钟300升的出水量，也让这个小小的室内浴池充满了奢侈感。

● P72图：金汤馆的外观，标志性的水车就在门口前面。/P73左图：通往浴室的台阶。/P73右上图：简洁的浴池，更衣室的地板安装了地暖。/P73右下图：质朴的和风客房。

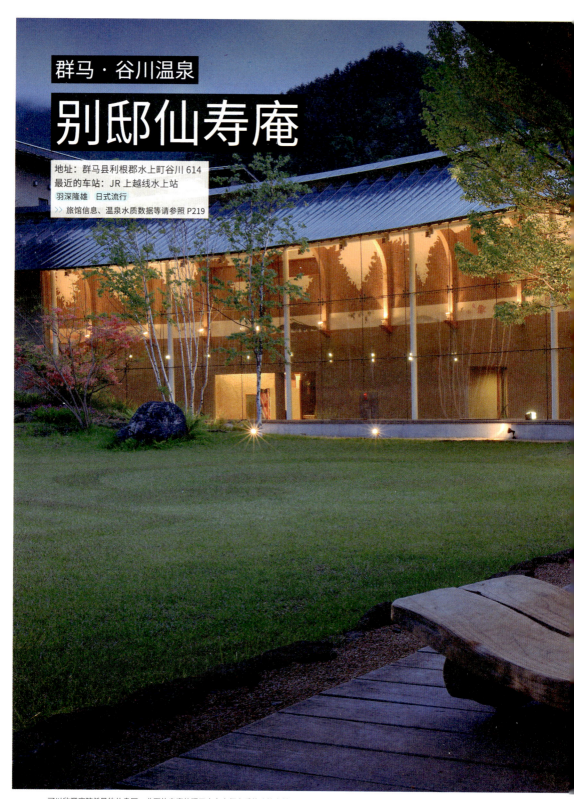

群马·谷川温泉

别邸仙寿庵

地址：群马县利根郡水上町谷川 614
最近的车站：JR 上越线水上站
羽深隆雄　日式流行
>> 旅馆信息、温泉水质数据等请参照 P219

可以欣赏庭院美景的休息区。曲面的走廊体现了出自大师之手的建筑之美。

羽深隆雄设计的温泉旅馆，传统与现代的完美结合

位于森林之中的谷川温泉依山傍水，面朝雄伟的谷川岳，旁边有清澈的谷川小河。河边的露天温泉、小河的潺潺流水和河鹿的鸣啼之声，让人彻底沉浸在大自然的美好之中。

从水上温泉再继续行进一段路，就来到了谷川区。这一区域自古以来就在追求人与自然的和谐共处，就连住家房顶和墙壁的颜色，都要按照规定来。这里夏季凉爽，是避暑的好地方。

这里有一间高级的日式温泉旅馆——别邸仙寿庵，设计出自以日式流行风格闻名的建筑师羽深隆雄之手，建造手法却采用了日式传统的方式，是传统与流行的完美结合。

整个建筑的设计亮点是曲线形的走廊。走廊有 8 米高，增加了宽敞感的同时，也方便在室内将庭院的景色尽收眼底。走廊的曲面玻璃墙采用超高层建筑经常使用的 DPG 技术[1]建造而成，以在每一面玻璃上钻孔再进行连接的方式取代传统的玻璃框架。此外，这里还能看到使用了群马县当地土石的墙壁、格子窗、手工抄制的和纸等传统建筑元素，墙壁则是用现代风格的钢筋水泥建造，走廊也留出了足够的空间。

客房分为和室、套房等六种类型，

有的房间里还有小厨房。所有的房间里都有露天风吕，可以在自己的房间里一边眺望美丽的谷川岳和中庭的景色，一边悠闲地泡个温泉。

这里的温泉水是碱性单纯泉，清澈透明，并且是源源不断供应的活水。虽然每个客房里都有露天风吕，但还有铃虫汤和萤汤两个公共的露天风吕，以及一藏和仙藏等室内温泉。顺便简单介绍一下，一藏的浴池是大理石打造的，仙藏的浴池则是一个大木桶。虽然价格较高，但来到这里亲身感受之后，就会发现绝对是物有所值。

1　DPG 技术，即点式玻璃技术。

● P76 图：大浴场"一藏"。/P77 左图：旅馆标志性的曲面走廊，高度达 8 米。/P77 右上图：特别房间的室内。/P77 右下图：温馨的休息室。

千明仁泉亭

地址：群马县涩川市伊香保町伊香保 45
最近的车站：JR 上越线涩川站
传统木构建筑
>> 旅馆信息、温泉水质数据等请参照 P219

德富芦花《不如归》[1]中的著名温泉旅馆

位于榛名山半山腰的伊香保温泉因红色的温泉水而闻名。此外，这里还是日本最早进行城市规划的著名温泉地。和草津等地的温泉比起来，这里交通便捷，从东京出发的话更方便一些，而且风景优美，环境怡人。

伊香保温泉中央有一个很陡的斜坡，上面铺着 365 级石阶，两旁的温泉旅馆鳞次栉比。石阶下面是著名温泉黄金汤的源泉，能看到红色温泉水涌出的样子。这些温泉水会被引流到各个温泉旅馆。

伊香保一带的温泉旅馆中，有一个创建时间超过五百年的温泉旅馆——千明仁泉亭。这家旅馆是三层的木构建筑，因明治时代文豪德富芦花喜欢到访而闻名。大正到昭和年间建造的本馆里，每个房间都不一样，拥有各自的风格特点。

这里有好几个大浴场和露天风吕，我最满意的是室内温泉"泷汤"，里面贴着瓷砖，别有一番复古之味。

此外，还有一个温泉水像瀑布一样落下，能直接拍打背部等部位的"拍打汤[2]"，温泉水从源泉的涌出处不断流出。

室内大浴场"仁乃汤"也值得推荐。仁乃汤里有一个深 1 米的大浴池，

人站进去的时候水没到胸口，泡在里面全身都能感受到水压。由于千明仁泉亭在一个斜坡上，所以除了仁乃汤外，其他室外露天风吕或贷切风吕都能让人在泡汤的同时，欣赏到外面美丽的景色。

即便在温泉资源丰富的伊香保地区，能够真正做到不间断供应新鲜温泉水的旅馆也不多，而千明仁泉亭则是百分之百的温泉水不断注入浴池。以温泉占有量来说，这里绝对算得上伊香保的前三名。

自古以来，伊香保的温泉就被称为黄金汤，温泉水是含有盐分和重曹的硫酸盐泉，水中含铁，所以呈现出红色。千明仁泉亭的室内温泉和露天风吕里的温泉水颜色较浅，说明其使用的是新鲜温泉水。如果有机会，不妨来感受一下伊香保富含多种成分的黄金汤吧。

---

1 《不如归》是日本明治时代小说家德富芦花的成名作，写的是一个非常凄婉的故事。
2 也称"打浴"，日语为"打たせ湯"。

P78 图：露天风吕中的"黄金汤"。/P79 左上图：本馆的客房。/P79 左下图：千明仁泉亭的标识仙鹤。/P79 右上图：千明仁泉亭的外观。/P79 右下图：深1米的"仁乃汤"。

丸本旅馆

地址：群马县吾妻郡中之条町上泽渡甲 2301
最近的车站：JR 吾妻线中之条站

著名温泉旅馆

>> 旅馆信息、温泉水质数据等请参照 P220

草津的美肤温泉

泽渡温泉是有些令人不可思议的温泉。之所以这么说，是因为温泉水位于山上，从山顶附近的地方涌出。在小巧整洁的旅馆一条街的中央，有一个泽渡共同浴场，旁边就是丸本旅馆。

丸本旅馆是保护日本秘汤会的加盟旅馆。两层的传统木构建筑内十分干净整洁，也更能体现出木材本身的优点。

丸本旅馆的浴室很舒服，温泉水新鲜优质。在泽渡共同浴场旁边，有一个绿色铁皮房顶的质朴的浴室，是丸本旅馆的浴池。进入小小的玄关之后，通过一条走廊可以走到浴室，有一段木头楼梯直接通往浴室中央，这个设计十分奇妙。浴池位于木头楼梯两侧，放射状的木地板令浴室更为精致。整个浴室让人感觉非常放松，有传统澡堂的感觉，很符合我所喜欢的风格。虽然这里设有女性专用的入浴时间段，但基本上是可以男女混浴的。

浴池采用丝柏木打造，池底铺了青色的石板，透过清澈的温泉水，能够很清楚地看到池底。其中一个温泉池是 L 形，出水口由石材打造；另一个是四方形，出水口由木材打造。浴

室的墙腰部分贴了一层石板，上部的墙壁则全部使用了木板材。

这里的温泉水和共同浴场的水质一样，为食盐石膏泉，泉水透明，有鸡蛋味和苦味。

顺便介绍一下泽渡共同浴场。这个浴场是一间白色的小平房，里面有两个并排的浴池，浴池底铺有伊豆石，整个浴场的颜色搭配和环境都非常和谐、舒适。

泽渡温泉柔和的泉水可以很好地滋润肌肤，是草津温泉这一带非常出名的泡温泉的最后一道工序。所谓最后一道工序，指的是草津温泉属于强

酸性，在某种意义上，泡这种温泉跟惊吓疗法有些相似，当肌肤受到一定刺激后，再接触泽渡的碱性温泉，有呵护和治愈的功效。这也是这个地区自古传下来的温泉疗养法。

P80 图：从地板、墙壁到天花板全部采用丝柏木打造的大浴场。/P81 左图：下到浴室中间的木头楼梯，很特别的浴室设计。/P81 右上图：丸本旅馆的外观。/P81 右下图：客房内部。

群马·四万温泉

积善馆

地址：群马县吾妻郡中之条町大字四万 4236
最近的车站：JR 吾妻线中之条站

文化遗产　传统木构建筑　著名温泉旅馆

>> 旅馆信息、温泉水质数据等请参照 P220

走过这座红色的桥，就来到日本最古老的木构温泉旅馆的本馆。

宽敞怀旧的大浴室

四万温泉的积善馆是被登录为有形文化遗产和群马县近代遗产的著名建筑。其中，元禄风吕、渡桥、本馆和山庄都非常有名，山庄建于昭和十一年（1936年），元禄汤建于昭和五年（1930年），而三层木构建筑的本馆则始建于元禄四年（1691年），是日本最古老的木构建筑。

这几年，我总想着在山庄里住一晚，好好享受一下积善馆的温泉。这次我是一个人来的，所以被安排到了"郁金3"。这个房间有着精致的拉门，看着十分养眼。后来我又拜托老板，参观了一下其他房间，发现这里的房间在诸如拉门上的图案、浮雕等细节上都不尽相同，入住不同的房间，就可以享受到不同的氛围。这座建筑处处体现着桃山样式[1]，展现了当年名工巧匠高超的手艺。此外，铜绿色的房顶也为旅馆整体外观添色不少。

随后，我来到元禄汤泡温泉，这个浴室真是值得好好夸赞一番。浴室的面积很大，进去以后仿佛到了体育馆。里面有五个白色花岗岩打造的浴池和两个蒸汤，浴池是对称设计，视觉上极为美观。浴室通过几个并排的拱形窗户采光，阳光从窗间穿过，将这个古色古香的浴池照耀得更具美感。

　　源源不断的新鲜泉水从池底冒出来，如果觉得水温偏低，只要打开水龙头，就会有热水注入池中。元禄汤的温泉是通过将源泉的温泉水冷却后，再与高温的源泉水兑在一起调整到适宜的温度的。此外，山庄还有两个可供全家人一起泡温泉的浴室，每个浴室里分别有两个浴池。

　　四万温泉于昭和二十九年（1954年）被指定为国民保养温泉，被认为具有一定的治病功效，其中最有效的是治疗肠胃病，同时还被指定为日本三大治疗肠胃病的名汤。

　　四万温泉是含芒硝成分的石膏食盐泉，泉水透明、有微盐味和石膏的臭味，属于比较有个性的温泉。

1　桃山样式多使用金或漆进行装饰，突显高贵精致的风格。

P84 图：元禄汤，并排对称的五个花岗岩浴池。/P85 左上图：本馆的玄关。/P85 左下图：连接本馆和山庄的"浪漫隧道"。/P85 右上图："佳松亭"外观。/P85 右下图：山庄里的客房。

被美景环抱的露天风吕"静宽汤"。泡温泉的同时，能一边听着潺潺流水，一边欣赏枫叶。

神奈川·塔之泽温泉

环翠楼

地址：神奈川县足柄下郡箱根町塔之泽 88
最近的车站：箱根登山铁道铁道线箱根汤本站
文化遗产　传统木构建筑
>> 旅馆信息、温泉水质数据等请参照 P221

伊藤博文[1]光顾过的箱根著名温泉旅馆

塔之泽温泉是有着悠久历史的箱根著名温泉，拥有环翠楼、一之汤和福住楼等木构风格的优质温泉旅馆。

在这些温泉旅馆中，整栋四层全部为木结构的环翠楼以其宏伟的外观格外博人眼球。这里从庆长十九年（1614年）起就开始经营温泉生意，现在的建筑始建于大正八年（1919年），本馆的南栋、北栋和别馆都分别被指定为国家有形文化遗产。

这个四层高的建筑有着铜绿色的拱形房顶，非常气派。每次来箱根，我都想着一定要住这家温泉旅馆，于是有一年，我专门和家人一起来了。

这里的四层楼全都是大宴会场，三楼以上有客房，幸运的是，我被安排到了挂有伊藤博文亲笔写的"环翠楼"牌匾的房间。这个旅馆之所以叫环翠楼，也是因为当年伊藤博文写下的这几个字。

这条走廊尽头的客房中，有两个房间相通，乍一看有点像套房，只看整个旅馆的平面图也能看出来，它是整个店里最好的一间。这个房间有着本馆房间中最好的景色，还能够眺望远处的溪流。

看着环翠楼的外观，不得不感叹这个四层的木构建筑之宏伟。四楼有

神代阁、万象阁和蓬仙阁三个大宴会场，房顶的双层格栅、屏风以及灯具无不彰显着华美的气势。

从外面看，环翠楼拱形的房顶令人印象深刻。整个建筑从正面看是一个平面，靠河的一面则是各个房间的窗户，每个窗户的外面都有栏杆，宏伟又不失精巧。扶手和窗户的阴影，也为整个建筑平添了一份美感。

大浴场"大正风吕"是一个室内温泉，里面用彩色玻璃和马赛克瓷砖做装饰，精致极了。

环翠楼里的室内温泉距离源泉较近，虽然是单纯泉，但柔和光滑的温泉水也能给人绝佳的享受。

1　伊藤博文（1841—1909），日本近代政治家。

● P88 图：面朝早川的房间。/P89 左上图：环翠楼的外观。/P89 左下图：使用彩色玻璃和马赛克瓷砖做装饰的"大正风吕"。/P89 右上图：露天风吕"翠云汤"。/P89 右下图：木头台阶。

神奈川・塔之泽温泉

福住楼

地址：神奈川县足柄下郡箱根町塔之泽 74
最近的车站：箱根登山铁道铁道线箱根汤本站
文化遗产　传统木构建筑
>> 旅馆信息、温泉水质数据等请参照 P221

气派的玄关顶上有一个精雕细琢的木雕。

茶室风格的纯日式旅馆

　　箱根温泉从汤本开始,下面还有塔之泽、大平台和宫下等温泉。塔之泽温泉位于箱根汤本稍微上游一点的位置,河流两边的山谷高高耸立,形成了一番绝美的自然之景。

　　福住楼和环翠楼一样,也被登录为国家有形文化遗产。雅致的福住楼和宏伟的环翠楼在风格上形成了鲜明的对比,但两家都是远近闻名的温泉旅馆。

　　福住楼曾在明治时代末期至大正时代进行过扩建,现在是一个有着十七间客房的三层木构建筑,每一个房间的设计都不尽相同,面朝中庭的房间和面朝早川的房间通过一条长长的走廊相连,走廊扶手上的浮雕和台阶的设计别具一格,每间房里都铺着榻榻米。

　　二楼的房间可以直接眺望到河岸的景色,令人心旷神怡。早川的流水、翠绿的树叶与房间里的装饰交相辉映,自然与人文的完美结合体现出了日本文化的精髓。或许是被福住楼的魅力所吸引,从很久之前开始,就有数不尽的文人墨客到访。松二是这里最古老的建筑,始建于明治时代。走廊和客房是精心布置的纯日式风格,以木头的原色打造,保留了最传

统的和风韵味。

　　浴室里同样保留了木头的原色。其中，大丸风吕浴池由巨大的松木木材拼装而成，池边镶了一圈铜边，直径 2 米左右，可同时供三四个人泡温泉。大丸风吕的旁边是镶了一圈黄铜边的小丸风吕，里面有简洁大方的栏杆，天花板的高度也刚刚好，营造出一种舒适的氛围。

　　家族风吕可供家人一起入浴，浴池用大理石和伊豆石打造成四方形，虽然不是很大，但可以让两个人同时泡在里面。此外，还有用石头组成的岩风吕。

　　福住楼的温泉为碱性单纯温泉，透明无味无臭，水质清澈，是非常优质的温泉。

● 　P92 图：客房"樱一"，剧作家北条秀司曾在这间客房里创作。/P93 左上图：中庭一侧的走廊和大厅。/P93 左下图：大丸风吕。/P93 右上图：枫叶红了以后，风景美不胜收。/P93 右下图：精致的拉门。

竹久梦二等众多文人喜爱的客房"松竹馆 5 号室"，墙上挂着的"山水清幽"牌匾出自孙中山之手。

神奈川·箱根小涌谷温泉

三河屋旅馆

地址：神奈川县足柄下郡箱根小涌谷 503
最近的车站：箱根登山铁道铁道线小涌谷站

文化遗产　传统木构建筑　著名温泉旅馆

>> 旅馆信息、温泉水质数据等请参照 P222

油纸伞形状的浴室屋顶，又独特又考究

小涌谷温泉的三河屋旅馆位于国道一号线上，是一家著名的温泉旅馆。这家旅馆从明治时代起就开始经营，受到了竹久梦二、与谢野铁干和与谢野晶子夫妇，以及众所周知爱泡温泉的田山花袋等诸多文人墨客的喜爱，唐破风的玄关、旅馆内部的精巧工艺都达到了文化遗产的水平。

三河屋旅馆和汤本温泉的万翠楼福住、塔之泽温泉的环翠楼、宫下温泉的富士屋旅馆、芦湖畔的龙宫殿一样，都是箱根的著名温泉旅馆。喜欢古色古香风格的人如果想来箱根泡温泉的话，不妨选择这几家体验一番。

明治十六年（1883 年）开业的三河屋旅馆是一个两层木构建筑，保留了大正时代的风貌。旅馆的本馆被指定为有形文化遗产，门口有华美的唐破风，乍一看有点像寺院，入口的玻璃门也极为别致，甚是好看。紧挨着本馆左手边的是大正时代建造的松竹馆，顺着坡往上走就来到了同样建于大正时代的凤来别亭九重庄，景色美到无法形容，里面有"百合""杜鹃""映山红"和"樱"四个独立客房，每个房间内都有露天风吕。

三河屋旅馆中还有一个叫作"蓬莱园"的大庭园，作为公园对外开

放，里面种着红梅、山樱、杜鹃、映山红和百合等各种各样的花，美不胜收。如果选择"月梅馆"的话，只要10000日元（约合人民币620元）左右，就能在这间著名的温泉旅馆住上一晚，非常划算。

　　旅馆中有很大的室内浴室和露天的圆桶风吕，我最喜欢的是面积较小的室内浴室"明治风吕"。这个浴室的天花板形状酷似油纸伞，地上铺的瓷砖也选择了古典的颜色，一看就是在设计上花了不少心思。偏热的温泉水源源不断地涌出，泡完之后，整个人神清气爽。

　　在小涌谷温泉，多数温泉旅馆都使用人工加工的温泉水，三河屋旅馆使用的则是自家拥有的源泉，水温高达53.8℃，属于碱性单纯温泉。

● P96图：干净雅致的走廊。/P97左图：明治风吕。房顶、窗户和地板都经过精心的设计。/P97右上图：霞馆的客房。/P97右下图：三河屋旅馆外观。

传统建筑用语辞典

● **木皮编织的天花板 / 日语: 網代天井** [あじろてんじょう]

以杉树、柏树等树木上刨切下来的薄木片或竹皮为材料，通过横叉或斜叉的方式编织而成的天花板。在茶室风格的建筑、茶室或一般家庭里，这种装修风格多用于壁龛等处。

● **歇山顶 / 日语: 入母屋造り** [いりもやづくり]

房顶分上下两个部分，上面为人字形或山形、下面为锥形的一体化屋顶造型。在日本，这种造型的屋顶自古以来就被视为最高规格的建筑风格。

● **弓形格子天花板 / 日语: 折り上げ天井** [おりあげてんじょう]

四边用被称为"龟尾"的弓形木框支撑起来的方格天花板。很多寺院、大宴会场会采用这种设计。

● **伽蓝 / 日语: 伽藍** [がらん]

原本是僧侣居住并进行佛道修行的清净之地，现在指大的寺庙或寺院的主要建筑群。

● **人字屋顶 / 日语: 切妻屋根** [きりづまやね]

指房顶的最上部，由两个斜曲面组成的人字形（或山形）的屋顶部分。古时日语也曾称之为"真家"（まや）。

● **车廊 / 日语: 車寄せ** [くるまよせ]

超出主屋唐破风屋顶范围的地面部分。现在主要是在旅馆的入口处，方便停车使用，这样的话客人下车后就能直接进入旅馆。

● **翼角飞椽 / 日语: 螻羽** [けらば]

指在人字形屋顶中突出墙体的部分，因其顶端部分形似蝼蛄的羽翼而得名"螻羽"。

● **方格天花板 / 日语: 格天井** [ごうてんじょう]

在边长 6~7.5 厘米的木框中铺上正方形木板的天花板类型。一般会从背面贴上杉木或柏木等木材的镶板，并在上面画画作为装饰。

● **浮雕 / 日语: 鏝絵** [こてえ]

属于石料装饰的一种，在光滑的壁面上塑造图案并使其浮突于石料表面的工艺。伊豆松崎的水泥匠入江长八的浮雕非常有名。

● **书斋式建筑 / 日语: 書院造り** [しょいんづくり]

以拥有书斋的建筑为主的住宅形式。建筑内部通过拉门和墙壁隔开每一个空间，并设有壁龛、书斋等空间。日语的"書院"意为禅寺里的书斋，原本指带书架的家具，现在主要用来形容装修风格。

● **茶室风格的建筑 / 日语: 数寄屋造り** [すきやづくり]

融入了茶室风格的建筑。从室町时代（1336年—1573年）到江户时代（1603年—1867年）都非常流行。日语中的"数寄"，指喜好和歌、品茗、插花等风雅趣味。

● **方格外墙 / 日语: 海鼠壁** [なまこかべ]

外墙的墙腰等处贴上方瓦后，在接缝处抹上水泥的装饰风格。除了能加固墙体外，还能起到美化作用。

● **飞檐 / 日语: 軒反り** [のきぞり]

为了让屋檐更美观，令屋角的檐端向上翘起的工艺。其中檐端全部翘起来的叫作"总反"（総反り）。

● **正门屋顶装饰部件 / 日语: 破風** [はふ]

正门屋顶人字形的厚板材装饰部件，也被称作"破风板"。可以起到保护脊檩、主房的作用，还能使房屋更加美观。

● **房梁 / 日语: 梁** [はり]

为了支撑房顶的重量而在房柱上搭建的横木。

● **丝柏木树皮房顶 / 日语: 桧皮葺き** [ひわだぶき]

指用丝柏木的树皮搭建房顶，是日本一种古老的搭盖屋顶的方式。

● **旋梯 / 日语: 回り階段** [まわりかいだん]

曲线旋转而上的楼梯。螺旋楼梯也是旋梯的一种。

● **拱形房顶 / 日语: むくり屋根** [むくりやね]

在茶室风格建筑中常见的房顶样式，以有弧度的拱起为特点。

第三章

甲信越地方

花屋的餐厅，房顶既精巧又独特。

精致的回廊，雅致的旅馆

别所温泉有"信州的镰仓"之称，当中数一数二的温泉旅馆，就是这家被登录为有形文化遗产的花屋了。花屋占地面积为 6500 坪（约 21488 平方米），几个裙房位于中庭池塘的四周，用一条长长的、铁杉建造的回廊连接在一起。

从外面看，花屋像一座城墙，城楼上还有兽头瓦。玄关的房顶是歇山顶，室内为茶室风格，摆放着一张长椅。二楼是餐厅，没有经过改建，将大正时代初期的样貌完整保存了下来，选用的家具和灯具也是颇具大正浪漫气息的怀旧西洋风格，氛围营造

得非常妙。来到中庭，就能看到纵横相连的回廊，通往各个裙房。

接着，我参观了花屋的客房。这间温泉旅馆最受欢迎的，应该是"21番"这个房间了。天花板上的描金画赫赫有名，竖条拉门透露出考究的工艺，隔窗上是花鸟风月的隔扇画。除了"21番"外，"23番"也很有特色，书斋风格的拉门为房间添了一丝儒雅，在整个旅馆中最具品位。壁龛的柱子上雕刻着蜗牛的图案，光是看看，也觉得饶有趣味。

花屋的大浴场也颇为经典，里面有两个浴池，一个是四方形，一个是

圆形。大理石风吕整体以白、粉、灰三色为主，浴池边上绿色的蛇纹石是点睛之笔，高高的弓形房顶令人印象深刻。地板用各种各样的石头拼接而成，突出了"大理石风吕"的主题，更衣室和浴室之间的墙壁则用彩色玻璃做装饰。

这里使用的温泉水透明、有鸡蛋味和硫黄的臭味，虽然是循环使用，但时不时会添加新鲜的温泉水，泡进去以后觉得滑滑的。露天风吕的景色同样让人赞不绝口。

这次来我住在了"71番"房间。里面很宽敞，约有16.6平方米，从

房间里还能看见后院种植的映山红。

P102左图：回廊。/P102右图："21番"，天花板上的描金画非常精美。/P103左上图：大理石风吕的墙壁上，用美丽的彩色玻璃做装饰。/P103左下图：花屋外观。/P103右图：偏西洋风格的大厅。

汤元斋藤别馆

地址：长野县松本市安云白骨温泉 4200
最近的车站：ALPICO 交通上高地线新岛岛站
传统木构建筑
》 旅馆信息、温泉水质数据等请参照 P223

在木构温泉旅馆中尽情享受白色的温泉

白骨温泉属于重碳酸土类泉，碳酸成分含量较高，接触空气后会因为酸化而变得白浊。这是由泉水中的硫黄成分造成的，"白骨温泉"之名也因浴池内附着白骨一样的物质而得名。这里离上高地和乘鞍高原等景点都不太远，来泡温泉的时候，还可以顺便游玩一番。

汤元斋藤旅馆是位于白骨温泉最深处的温泉老店。这里的几栋建筑分别始建于明治时代、大正时代和昭和时代初期，近几年全部进行了翻新，在这里既能感受到历史的气息，也能看到老店旧貌换新颜的样子。因小说

《大菩萨峠》成名的小说家中里介山曾数次到访这里，并获得灵感，写下了《白骨卷》。借着他的大名，汤元斋藤旅馆创设了名为"介山庄"的客房楼。

本馆前面是汤元斋藤别馆，始建于昭和八年（1933 年），是一个木结构的三层建筑。整个建筑在二十年前进行了翻新，不过室内昭和时代的装饰风格和氛围依然完好地保留了下来。从玄关走进室内，能看到一根非常粗的柱子。由于一部分客房被改建为餐厅，现在整个旅馆里只剩下十一间客房。保留了昭和初期风韵的汤元斋藤，拥有着自己独特的魅力。

这家旅馆的浴室全部用木材打造，整体面积并不大，进去以后感觉像在公共浴池，使用的泉水来自玄关前的汤元一号源泉。因为浴池比较小，整个人一泡进去，水就会"哗啦"一下子溢出来，那感觉真的特别爽。这里的温泉被认为对肠胃病有一定的疗效，而且可以饮用。用这里的温泉水制作的粥非常美味，是白骨温泉一带的著名料理。

这里还经营着一个名叫"煤香庵"的设施，人们可以不用住宿，只泡温泉，同时能吃到可口的料理。煤香庵是一栋有一定年头的民宅建筑，打听之后我才知道，这是将原本位于乘鞍高原靠山脚处的斋藤旅馆本宅移建过来打造的，是江户时代后期的建筑。煤香庵的泉水使用的是对岸汤元五号的源泉，里面有男性专用和女性专用的露天风吕。如果住在汤元斋藤别馆的话，不仅能够享受到别馆的温泉，还能到本馆和煤香庵的温泉泡一泡，非常划算。

● P104 左图：女性专用室内温泉。将 45℃ 的温泉水通过长 250 米的管道引流过来直接使用，在引流的过程中，水温已达到最适宜的温度。/P104 右上图：使用当季新鲜食材制作的美味早餐。/P104 右下图：男性专用的室内温泉，纯木材的设计营造出了曼妙的氛围。/P105 左图：旅馆外观。/P105 右上图：保留了昭和时代初期风格的客房。/P105 右下图：用石灰岩岩磐做装饰的大厅。

旅馆清风馆

地址：长野县下高井郡野泽温泉村丰乡 8670-1
最近的车站：JR 饭山线户狩野泽温泉站

著名温泉旅馆

>> 旅馆信息、温泉水质数据等请参照 P223

别具一格的温泉小屋

我最初来清风馆，还是当初遍游野泽温泉的时候。当时被这个旅馆质朴的外观所吸引，便进去泡了一下。入口处是钢筋水泥建筑，后面的浴室则是用木材搭建的独立屋，我觉得像这种温泉小屋，绝对应该被选为文化遗产。温泉的水蒸气通过格子窗户散发出去，有种别样的风情，浴池是葫芦形状的，内里贴着马赛克瓷砖。

不知是不是我去的时候赶上了温泉水质最佳时期，整池的温泉水碧绿透明，美得可以用惊艳来形容了。虽然这里使用的是野泽温泉颇具代表性的麻釜源泉，但有意思的是，温泉水

并不是白浊色，反而呈现出透明的碧绿色。来到清风馆，我才真正亲眼看到了这种由黄绿色到透明绿色的含硫化氢的温泉，而常磐屋和 SAKAYA 里硫化氢含量较多的温泉则没有那么绿，而是带一些白浊的颜色。据温泉水质分析表显示，这里的温泉水之所以呈现出带有透明感的绿色，是因为水中只含有 0.2 毫克的硫化氢。

第二次来的时候，我在这里住了一晚。虽然玄关处是用钢筋水泥建造的，但里面还有一个木构建筑。这次因为温泉水实在太新鲜了，所以跟平常的麻釜源泉一样，呈现的是淡淡的

白浊色。分析表上显示，这时温泉里硫化氢的含量已增加至 20 毫克，颜色也就发生了改变，并且散发出一股鸡蛋味和焦硫黄的臭味，具有典型的硫黄泉的特点。

野泽温泉街的中心有好几个源泉，这些源泉的水被输送至公共温泉。整条街上共有十三个公共温泉，最让人开心的是，它们全都免费开放。位于中心地带的公共温泉"大汤"和"河源汤"都是将老旧的温泉小屋重新修建，并保留了传统工艺，没有使用钢筋水泥，依然能够找寻到当年的特色。

P106 图：室内温泉。麻釜源泉特有的碧绿色，美得惊艳。/P107 左上图：根据时间和环境，温泉水的颜色会发生改变。/P107 左下图：温泉小屋的红色房顶呈现出一种怀旧风情，令人记忆深刻。/P107 右上图：旅馆外观。/P107 右下图：客房。

万津屋

地址：长野县下高井郡山内町平稳3137
最近的车站：长野电铁长野线汤田中站
文化遗产　传统木构建筑　著名温泉旅馆
>> 旅馆信息、温泉水质数据等请参照 P224

伽蓝风格的著名温泉旅馆

我从长野站出发，坐着长野电铁一路到终点汤田中站下车。长野电铁是仿照小田急浪漫特快打造的，即便乘车时间较长，也不会感到无聊。这里既是志贺高原的入口，也是温泉的聚集地，拥有涩温泉、角间温泉、安代温泉和上林温泉等众多温泉区，汤田中温泉在这片温泉聚集地的最外面。

在万津屋里有一个被称为"桃山风吕"的浴室，是纯木打造的伽蓝风格，颇为震撼。这里入选过日本十佳大浴场，于平成十五年（2003年）登录为国家有形文化遗产。这个像寺院正殿一般宽敞的浴室里只有一个巨大的椭圆形浴池，与格子天花板相对，霸气十足。

沿着本馆后面斜坡建造的松籁庄是一栋三层木构建筑，看上去独具匠心，和本馆均被评为文化遗产。此外，这一带被评为文化遗产的还有涩温泉金具屋温泉旅馆里的斋月楼。

我很想在松籁庄里体验一番，便来到了万津屋。首先让我觉得惊艳的是入口处的设计，天花板的装饰可谓巧夺天工，精致得像茶室一样。这里一楼和二楼都是客房，三楼便是桃山风吕了。

我这次住在二楼走廊尽头的房间，里面除了休息室外，还有一个书

斋。松籁庄里每一个房间的装修风格不尽相同，但都是清新典雅的日式风格。

露天风吕乍一看很像庭院里的池塘，泡温泉时还能看见正面玄关处挂着的写有"桃山风吕"的大牌匾，以及华美的唐破风和回廊。那种感觉就好像在寺院门口泡温泉似的，有些不可思议。

另外一间浴室是东云风吕，里面有一个铺着伊豆石的室内温泉，还有一个小小的露天风吕。此外，还有一个像桑拿房一样的温泉蒸汽风吕，既干净又清爽。

地址：长野县须坂市仁礼町 3159
最近的车站：长野电铁长野线须坂站
日式流行　乡土风格　足底自喷
>> 旅馆信息、温泉水质数据等请参照 P224

通往旅馆的入口"待合门"，站在入口处不禁开始期待里面的样子。

长野·仙仁温泉

岩汤

水量极其丰富的洞窟风吕

位于菅平山麓仙仁温泉的岩汤，在日本是出了名难订的温泉旅馆。人们都说这次来了就必须提前把下次预约好，可见其人气之高。大约十一年前，我曾经再三请求，才终于得以在工作日的某天来到这家温泉旅馆住了一晚。岩屋整体建筑是风雅的茶室风格，里面配备了书斋、咖啡厅和休息室等公共区域。

这里值得夸赞的其中一点便是美食，其提供的料理如果放在东京的话，价格估计要比在这里住一晚还要贵，可见其定价相当实惠。衫叶蒸烧是这里非常有名的一道菜。此外，庭院的景色也是美不胜收。

不过这里最吸引人的还是独特的温泉，温泉水从天然岩石的洞窟中涌出，奔流直下的气势像极了瀑布，出水量大的时候甚至能形成深潭。只要来过这里一次，就绝对难以忘怀，丰富的水量和天然岩石的结合实在是妙不可言。

这个洞窟温泉分成两部分，基本是男女混浴。其中一部分进深达 30 米，里面有像瀑布和深潭的地方；另一部分则有 10 米左右的深度，里面有一个沙地的足底自喷泉。在有些昏暗的洞窟中泡温泉，真是奇妙的体验。

在最深的地方，可以感受到温泉从足底或岩石的缝隙中涌出的感觉。这些温泉水像河流般在洞窟中流淌，然后从入口处满溢出去。这番景象，在其他地方是看不到的。

虽然这里的温泉水只有34.2℃，但因为是在洞窟里，有桑拿的效果，完全不会觉得凉。泡的时候会闻到一股淡淡的硫黄的臭味，但分析表上却没有说明含有硫黄成分。

岩汤共有四个贷切风吕，每一个都经过了精心的设计和布置。此外，这里还有非常干净的室内温泉，里面的温泉水是源源不断提供的。

虽然其他温泉也非常棒，但来到这里的话，一定得体验一次特别的洞窟风吕。

P112图：进深达30米的洞窟风吕。水温较低的温泉水像瀑布或河川一样，不断地大量涌入。几根大柱子将整个洞窟进行了空间划分，泡温泉时感觉像是在探险一样，趣味十足。/P113左上图："仙丹间"的客房，传统的和式风格。/P113左下图：女性专用露天风吕。/P113右上图：仙仁川上通往岩汤的木桥。/P113右下图："仙丹间"的露台。

长野·涩温泉
金具屋

地址：长野县下高井郡山内町平稳 2202
最近的车站：长野电铁长野汤田中站

文化遗产 传统木构建筑

>> 旅馆信息、温泉水质数据等请参照 P225

夜晚点灯后的金具屋，每一个细节之处的精妙都令人折服。

雕梁画栋的文化遗产

说起信州著名的涩温泉，就必须要提到远近闻名的由石板铺成的温泉街了。坐落在这条温泉街上的金具屋是一栋四层木构建筑，其中位于共同浴场"大汤"前的斋月楼和足有215平方米的旧温泉会馆"大广间"都被登录为国家有形文化遗产。这两栋建筑都建于昭和十一年（1936年），以大气的风格和细腻的工艺著称。

斋月楼可以称作是日本建筑中的巴洛克。就算是在走廊里随便走一走，看一看气派的装饰，都颇有情趣。每间房的窗外都有屋檐，但做到了风格迥异，台阶边的窗户上还刻有

类似富士山图案的透雕。大广间是餐厅，装修上也是独具匠心，一看天花板的装饰，就知道是下了一番功夫的。不知道是因为这次特意定的斋月楼的房间，还是因为当时打听了不少这家温泉旅馆的信息，这次给我安排的房间是顶楼的"长生阁"，精致漂亮的天花板令我颇为满意。

这里的浴室"镰仓风吕"为寺院风格，粗粗的柱子和大格栅的天花板搭配得极为和谐。浴池是葫芦形，里面源源不断地供应着新鲜的温泉水。此外，还有一个名为"浪漫风吕"的浴室，拱形窗户上的彩色玻璃颇为精

致，整体风格和镰仓风吕不同，更偏西洋一些。

　　只要住在涩温泉的温泉旅馆，所有的客人都能免费拿到"一番汤""大汤"等外面九处公共温泉的钥匙，可谓超值享受。如果有机会来到这里的话，不妨把这九处温泉全都体验一番。如果在"巡浴祈愿手帕"上集齐了这九处温泉的印章，就可以到位于"大汤"前的"高药师"处参拜，据说这样就能实现愿望。

　　这九处温泉中，有不少都是从上游的地狱谷将温泉水引流过来的，但每一处温泉的泉质和功能都不一样。

在一个地方就能体验到好几种温泉，也是涩温泉吸引人的原因之一吧。

长野·上诹访温泉

片仓馆

地址：长野县诹访市湖岸通 4-1-9
最近的车站：JR 中央本线上诹访站

重要文化遗产　著名温泉旅馆

>> 旅馆信息、温泉水质数据等请参照 P225

片仓馆的外观。窗户、房顶和浮雕的每一个细节处都体现了工艺的考究。

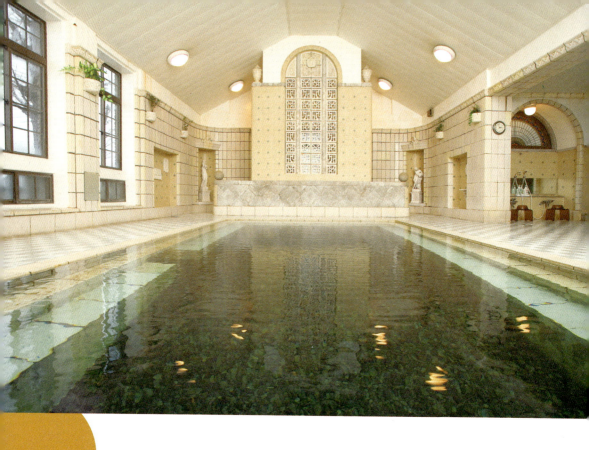

洋溢浪漫风情的新艺术派千人风吕

位于长野县上诹访温泉的片仓馆是华美的西洋式建筑，这里只提供泡温泉服务，不提供住宿，因长 7.5 米、深 1.1 米的千人风吕打响了名气。这栋建筑出自设计师森山松之助之手，于昭和三年（1928 年）竣工，整体比较接近哥特式复兴和浪漫主义复兴风格。

片仓馆主要分为两栋楼：一个是温泉栋，由钢筋水泥打造，顶部有一个塔尖；另一个是两层高的会馆栋，主要是木结构，部分采用了钢筋水泥建造，主要用来娱乐、进行文化交流。2011 年，这里的浴场、会馆和

渡廊下[1]被指定为国家重要文化遗产，院子里的喷水池等也被评为重要文化遗产的附属。

温泉栋由平面型的入口部分和浴室部分组成，整体看起来非常立体。外墙贴着条纹瓷砖，增添了一丝威严，顶部的山形塔尖上有精美的浮雕，玄关旁边的塔屋更是突显出哥特的风格。一楼是男性专用和女性专用的大浴场，还有一个日式房间，二楼是一个面积达 338 平方米的大厅。

千人风吕宽 4 米、长 7.5 米、深 1.1 米，一个成年人泡进去，水都会没到胸口。浴池底部铺着小圆石，泡

温泉的时候还能顺便来个足底按摩。浴池边上有两级台阶，如果不想站着，也能坐在台阶上泡温泉。

　　千人风吕的内部装修可谓简单大方又不失华美精致，一边泡着温泉，一边欣赏着镂空瓷砖和彩色玻璃，既放松了身体，又饱了眼福。室内淋浴间在浴池旁边，上面专门搭建了一个拱形顶。

———————
1　原文是"渡り廊下"，即走廊。

> ● P120 图：大理石打造的千人风吕是昭和时代初期的建筑。/P121 左图：精致的浮雕，不论是男性还是女性的风吕，都是同样的设计。/P121 右上图：圆形的彩色玻璃装饰。/P121 右下图：休息室。

新潟・越后松之山温泉

凌云阁

地址：新潟县十日町市松之山天水越 81
最近的车站：北越急行 HOKUHOKU 线松代站

文化遗产　传统木构建筑

>> 旅馆信息、温泉水质数据等请参照 P226

初夏，绿色美景映衬下的凌云阁外观。始建于昭和十三年（1938 年）的凌云阁已被登录为有形文化遗产。

昭和气息浓郁的木结构温泉旅馆

　　松之山温泉在新潟县地理位置偏远的深山地区，离哪个车站都不近。相较而言，津南站和HOKUHOKU线的松代站已经是比较近的车站了。虽然要穿过一条小路才能来到这个偏僻的地方，但正是因为这里冬天雪量很大、环境恶劣，才能真正体验到严冬里温泉带来的别样温暖。这里的温泉是很浓的食盐泉，源泉涌出的泉水温度在90℃以上。看到山中涌出冒着热气的食盐泉，有一种很神奇的感觉。

　　松之山温泉分为三个部分：一个是旅馆集中的鹰汤，一个是离得稍微有点远的兔口温泉，还有一个是镜汤。凌云阁就位于镜汤，是一个三层的木构建筑，始建于昭和十三年（1938年），已被登录为国家有形文化遗产。

　　打听后我了解到，当初建造这个木结构的本馆时，旅馆老板从群马和涩川找来了不少工匠师傅，让他们每人负责修建一个房间，因此这里的每一间客房都呈现出高超的工艺水准。像伞一样撑开的房顶、精巧的装饰窗、不尽相同的十四个房间，无不体现了工匠师傅的创意和手艺。走廊的地板干净得能反光，拉门上的装饰窗也漂亮得很。不过，整个建筑从外面

看却是朴素大方，乍一看有点像学校的宿舍。

　　浴室在本馆的旁边，室内的浴池边上铺上了黑色的大理石。源泉镜汤的水温高达 84℃，据推断在一千两百万年前，海水因为地壳运动被封在了地底，经地底岩浆加热后涌出成为温泉，所以水温才这么高。

　　为了给水降温，现在使用了循环装置，这一点稍微有些可惜。希望凌云阁将来能够通过其他手段降温，从而提供源源不断的新鲜的温泉水。

● P124 左图：本馆客房"管领间"的套间。整个房顶像一把撑开的伞。/P124 右图：擦得锃亮的本馆木台阶。/P125 左上图：冬天时的外观。/P125 左下图：大浴场。/P125 右上图："白桦间"的拉门。/P125 右下图：本馆的大厅。

别所温泉花屋的"80 番"客房。这是一个有两个房间相连的套房。

第四章

东海·近畿·中国地区·四国

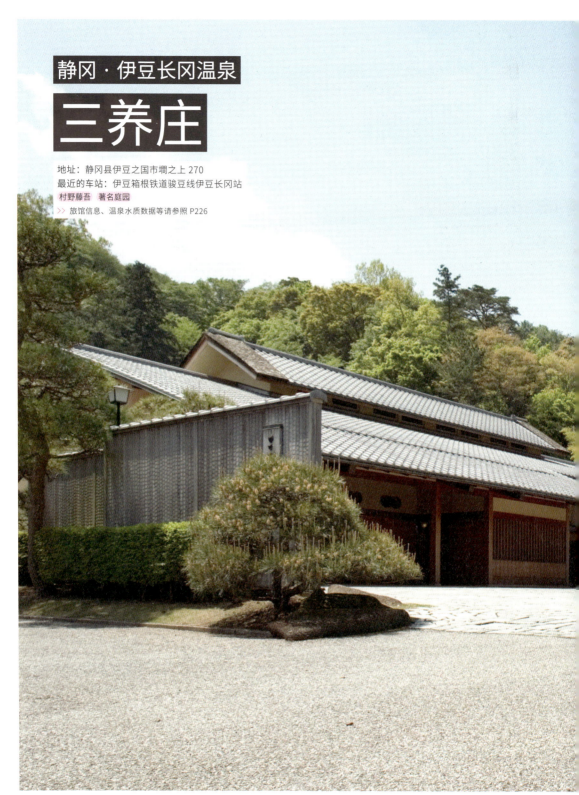

静冈·伊豆长冈温泉

三养庄

地址：静冈县伊豆之国市墹之上 270
最近的车站：伊豆箱根铁道骏豆线伊豆长冈站

村野藤吾　著名庭园

>> 旅馆信息、温泉水质数据等请参照 P226

三养庄外观，建筑背后是郁郁葱葱的树木。

建筑大师村野藤吾设计的温泉旅馆

伊豆长冈温泉位于伊豆山地前平原上一片宁静的田园地带，中间有一座源氏山，山的东侧被称为古奈地区，西侧被称为长冈地区。近代建筑大师村野藤吾设计的三养庄，坐落在东侧古奈地区。

三养庄大部分房间是裙房风格，本馆里面只有三四个房间，在面积的布局使用上极为奢侈。新馆里所有房间的设计都出自村野藤吾之手，每间房里几乎都有温泉风吕，可以说是现在流行的室内风吕的先锋。

这次我终于如愿住进了三养庄，附近还有一个高级旅馆"古奈别庄"。

门口的设计同样出自村野藤吾之手，房顶高高拱起，但并非奢华的宫殿风格，而是典雅的茶室风格，只用于迎宾送客。前方是三养庄里唯一的西洋风格休息室，房顶是半球形的。室内同样是最传统的书斋风格，没有繁复的装饰。可以说，这里的装修引领了日式流行风格的潮流。

我这次在新馆，房间是套房，两个房间分别约 16.6 平方米和 13 平方米，往里走还有浴室、化妆室和一个近 10 平方米的房间。庭院里有一个中庭，可以看出，整体设计施工都花了不少心思。

　　庭院面积很大，采取了回游式设计，能看到本馆的裙房散落在四周。这里一年四季都有不同的美景欣赏，春季有垂枝樱花，夏季有玉蝉花，秋季有红叶，冬季有寒樱。我这次住的房间刚好面朝庭院，能够住在日本这么高级的旅馆里欣赏迷人的美景，我真是心满意足。

　　浴室分为大浴场和露天风吕，每个房间自带的风吕提供的也都是活水温泉，保证了温泉水水质的新鲜。这里的温泉属于伊豆长冈—古奈地区的碱性单纯温泉，泉水细腻柔滑。

P130 图：大浴场。透过大落地窗能够欣赏到室外的景色。/P131 左上图：村野藤吾设计的新馆客房"梅枝"。/P131 左下图：黄昏下的庭院。/P131 右上图：极具特色的休息室（照片由作者拍摄）。/P131 右下图：客房"松风"的露台。

静冈·修善寺温泉

新井旅馆

新井旅馆的象征——被登录为文化遗产的"青州楼"全景。

地址：静冈县伊豆市修善寺 970
最近的车站：伊豆箱根铁道骏豆线修善寺站
文化遗产　传统木构建筑
>> 旅馆信息、温泉水质数据等请参照 P227

弘法大师开创的著名温泉旅馆

日本有很多优质的温泉旅馆建筑，三层或四层的木构建筑中，扶手、栏杆、窗户等地方精巧的工艺里无不凝结着工匠们的心血，值得被称为杰作。我认为，这些精美的建筑与日本旅馆提供给客人的服务，即我们常说的"款待[1]"融为一体，极好地体现出了日本的传统文化。新井旅馆正是其中的杰出代表。

整个新井旅馆都是国家登录的文化遗产。旅馆的象征性建筑"青州楼"建于明治十四年（1881年），"渡桥"建于明治三十二年（1899年），我这次住的"霞栋"建于明治四十一年

（1908年），最新的"天平大浴堂"则建于昭和九年（1934年）。天平大浴堂的基本设计出自画家安田靫彦，通过一根粗大的柱子和横梁支撑起整个建筑。浴池内摆放着很多天然岩石，营造出一种在大自然中泡温泉的氛围。

新井旅馆的温泉属于碱性单纯温泉，泉水透明无味。源泉就在可供全家人一起泡温泉的家族风吕"琵琶湖风吕"旁边，但可惜的是，泉水并没有直接提供给旅馆，而是被统一引流集中管理了。既然旅馆有自家的源泉，那么还是希望能直接提供给客人。虽说源泉水要先被引流至别处，

但这家旅馆的泉水还是很新鲜的，能闻到一股淡淡的硫黄臭味。在修善寺的其他温泉里，我都没闻到这个味道。

修善寺温泉地处从狩野川分流出来的桂川沿岸，历史悠久，相传是平安时代由弘法大师开创的。这里还有神户汤和源氏汤的两个公共浴池，散发着一种悠久历史的古韵，但只提供给当地人。因为外地来的人不能泡，我只能参观了一番便作罢。顺便一提，新井旅馆门前的河流沿岸有一个名叫"独钴汤"的温泉，以前这个温泉是男女混浴的，现在成了足汤，供人们泡泡脚、解解乏。

一直以来，修善寺温泉一带都与文学有着不解之缘，芥川龙之介和夏目漱石等大文豪，都曾经到访过这里。

---

1 原文为"おもてなし"。

● P134 图：新井旅馆外观。/P135 左上图：被登录为文化遗产的渡桥，弧度极为优美。/P135 左下图：可以眺望桂川的客房"花栋"。/P135 右上图：青州楼的楼阁。/P135 右下图：天平大浴堂。

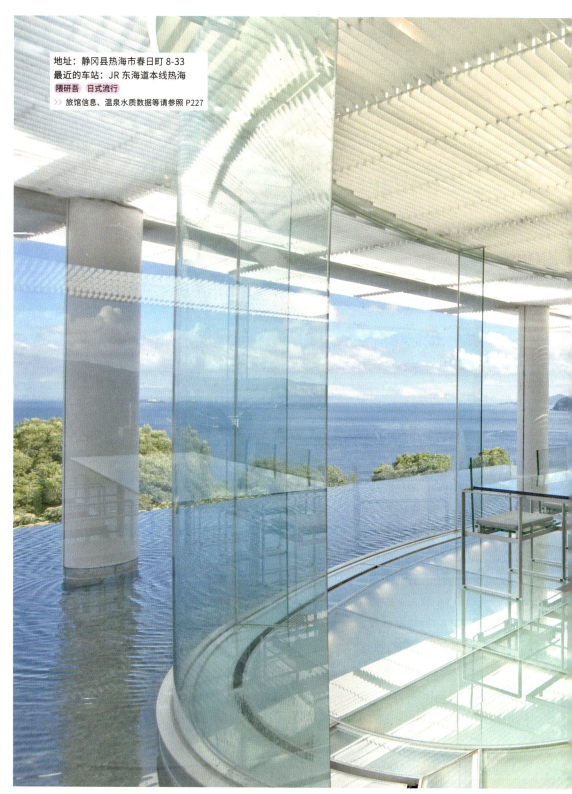

地址：静冈县热海市春日町 8-33
最近的车站：JR 东海道本线热海
隈研吾　日式流行
>> 旅馆信息、温泉水质数据等请参照 P227

"水阳台"，仿佛悬浮在海面的小岛。

静冈・热海温泉

ATAMI 海峰楼

137

透明的悬浮感，壮观的海景

ATAMI海峰楼建在热海站旁的海边斜坡上，在这里除了能欣赏到绝佳的海景外，还有能眺望相模湾、观赏烟花的海景房以及贷切风吕，享受极尽奢侈。

ATAMI海峰楼的设计出自隈研吾之手，整个建筑只用了玻璃和水，具有极高的透明度。旅馆的大门是用大理石堆砌而成的，打开门走到里面，先看到的是一个三层楼高的中空大厅，再往里走就是玻璃的世界了。中空大厅的中央架起了一座通往玄关的玻璃桥，内侧墙壁铺的是红色石灰华大理石，靠海的一侧则全部是玻璃。

这里的楼梯也很有个性，全部由玻璃搭建，上面吊着不锈钢绳。爬上这个透明感十足的楼梯，就来到了二楼套房。

楼梯下面有一个小屋子，里面放着一扇金屏风，还有一间浴室。由于温泉浴室只有一间，这里每天只接受四组客人入住，入住者需交替轮换着泡温泉，此外还有专用的露天按摩池和海景浴池。这里的温泉属于伊豆山的盐化物泉，水中富含钙和钠，泉水带有一股盐苦味。

同时拥有海景和艺术气息的ATAMI海峰楼里只有四间客房，分别是日式

房间"爽和"、西式房间"尚山"以及两间套房"诚波"和"风科"。诚波里有一整面的玻璃墙，四周都是水池，里面的水满溢出来，淹没了池边，和远处湛蓝的大海融为一体。风科的天花板距离地面7米高，整个空间特别宽敞。

池子中立着几根玻璃圆柱的地方，便是ATAMI海峰楼中最具特色的水阳台了。整个阳台呈椭圆形，地板、墙壁、天花板以及桌椅全部由玻璃打造，只有预定了套房的住客，才能在这里用餐。从这个阳台还能眺望到初岛和大岛等远处的岛屿，景色美不胜收。

● P138图：套房"诚波"里的按摩浴池。/
P139左上图：ATAMI海峰楼的大门口。/
P139左下图：墙面为巨大玻璃的大浴场。/
P139右上图：客房"风科"里的浴室。/
P139右下图："诚波"的卧室。

地址：静冈县贺茂郡河津町峰 440
最近的车站：伊豆急行线河津站
内田繁　日式流行
>> 旅馆信息、温泉水质数据等请参照P228

贷切风吕"熏风"，以木头板材铺成的浴室搭配信乐烧的陶制浴池。

静冈・河津温泉

玉峰馆

水质绝佳，奢侈享受

河津温泉位于东伊豆，温泉老店玉峰馆便坐落于此。到达旅馆以后，我首先震惊于这里可以直接引流三种类型的温泉，毕竟一家旅馆被三个温泉塔[1]包围的景象极其少见。人们一般很少有机会能近距离看到温泉塔，但这里却能在很近的地方观察，这也说明了玉峰馆所提供的温泉水是多么新鲜。

三个温泉塔中的一个位于玉峰馆旁边的喷汤公园里，每天早九点半到下午三点半之间，每隔一个小时就能看到一分钟左右的"大喷汤"，届时温泉塔中会喷出高约 30 米的温泉，

称得上是东洋之最了。我这次亲眼所见，也被其水量之丰富、气势之庞大所震撼。

再一个令人感觉神奇的地方是，虽然三个温泉塔离得很近，但是泉水的质地却有着微妙的差别，我猜是由温泉所处的地层及深度不同造成的。我听说这里还有一个奇特的现象就是到了冬季，温泉的水量会减少，想必光是对温泉进行管理和维护就已经很不容易了吧。

包括客房内自带的露天风吕和大浴场在内，玉峰馆共有十三处泡温泉的地方，全部提供最新鲜的温泉活

水。用岩石打造的"大岩露天风吕"紧挨着喷汤公园里的温泉塔，地理位置绝佳，泡温泉时能感受到像雾气一样的温泉落在自己身上。每一个贷切温泉都有配套的小庭院，可以一边泡温泉，一边欣赏四季美景。五月下旬时还能看到萤火虫，浪漫气息十足。

近几年，玉峰馆进行了室内翻修，设计者是首位以室内设计师身份获得紫绶褒章[2]的内田繁，其设计理念是怀旧、创新、极致。整个旅馆在保留了传统韵味的同时，又演绎出精致的日式流行风格。除了温泉，这里还有洋溢着大正浪漫气息的日式、西式客房，以及用仓库改造而成的酒吧。此外，这里的料理也是美味至极。

---

1 原文为"温泉櫓"。
2 紫绶褒章是日本政府颁发的褒章之一，授予学术、艺术、运动领域中贡献卓著的人。

● P142 图：带露天风吕的客房。/P143 左图：在美丽红叶映衬下的露台。/P143 右上图：大浴场"风花"的露天风吕，浴池由柏树木材打造。/P143 右下图：玉峰馆的入口处，左侧便是冒着温泉雾气的温泉塔。

金谷旅馆

地址：静冈县下田市河内 114-2
最近的车站：伊豆急行线莲台寺站
传统木构建筑　著名温泉旅馆
>> 旅馆信息、温泉水质数据等请参照 P228

堪称日本最大的柏树木风吕

拥有 6612 平方米的金谷旅馆是一个有着约一百五十年历史的百年老店，背后就是金谷山，自然环境优越。

全部由柏树木材打造的千人风吕是金谷旅馆的招牌。平成十四年（2002 年）五月，旅馆将千人风吕里的所有板材更换，连以前不是铺木板的浴池都改成纯木材打造，于是这里也从伊豆最大的木造大浴场升级为日本最大的纯柏木风吕。虽然将用了很久的木材全部换掉有些可惜，但想到时间将赋予这些新木材独有的魅力，也就多了一丝期待。

据说之所以进行这番大改，为的是将这个千人风吕打造成伊豆具有代表性的设施。这个巨大的浴池长约 15 米，宽约 5 米，加上淋浴的区域，整个面积有五十六个榻榻米那么大（约 93 平方米）。作为木造的大浴场，这里绝对首屈一指。房顶为拱形，虽然室内面积很大，却看不到一根柱子。浴池不仅大，还特别深，出水口会一直涌出像电线杆那么粗的水流，令人瞠目结舌。

虽然这里的温泉水无色透明，不是有强烈个性的温泉类型，但水质却柔软舒爽，让人想一直泡在里面。浴池面积很大，离出水口近的地方水温

比较高，离出水口远的地方水温相对低一些，一个浴池能够同时满足人们不同的水温需求。

这个温泉最特别之处在于可以在里面游泳，又不会妨碍到别人。这么大的浴池摆在眼前，没有其他人的话肯定都想要游上一圈吧？实际上，我这次真的在里面游泳了，也算是实现了儿时的愿望。如果综合评价这么一个面积巨大、拥有如此良好氛围的千人风吕，我会给满分。

女性专用的室内温泉也非常别致。此外，还有两个古朴大方的贷切风吕可供选择。

P144 图：女性浴场"万叶汤"。里面有四个浴池，可以根据自己喜欢的温度挑选。/P145 左图：金谷旅馆中最古老的建筑"一钱汤"，始建于明治时代末期。/P145 右上图：金谷旅馆外观。/P145 右下图：昭和四年（1929 年）建造的本馆二楼客房"松间"，内部的装修和摆设都值得细细品味。

汤元长座

地址：岐阜县高山市奥飞骅温泉乡福地786
最近的车站：JR高山本线高山站

传统木构建筑

>> 旅馆信息、温泉水质数据等请参照P229

古老的地炉营造出浓浓的怀旧氛围

福地温泉是奥飞骅温泉中的众多温泉之一。这一带温泉密集，拥有平汤、新平汤、栃尾、蒲田、新穗高等温泉，温泉水量整体上都很充沛，拥有百余处露天风吕。福地温泉位于海拔1000米的高地，被指定为国民保养温泉地。

要说福地温泉中最具雅致气息的温泉旅馆，就要属汤元长座了。这里由一家古老的二层民宅移建而来，深棕色的木门和木橹搭配白色的墙壁，既和谐又美观。大厅里有一个现代建筑中极为鲜见的地炉，二楼的房梁像一个硕大的装饰品，是整个空间的点睛之笔。

整个建筑里的房梁和柱子都保留了最原始的风格，可以感受到古老民宅的特色。宽敞的地面上全部铺上了石板，与黝黑发亮的柱子相互映衬，营造出绝佳的氛围。通往停车场的道路以木板铺设，两旁摆放着提灯。旅馆门前有一个新建的岩石地炉，不断有干净清凉的水注入进去，我去的时候里面还泡着黄瓜和西红柿，住在这里的客人想吃的话可以随时自取。炎热的夏季里，在户外吃着清爽可口的蔬菜，也别有一番乐趣。

旅馆的特别客房中有两个房间，

里面摆设的挂轴和拉门上的木雕精致漂亮。如果把整个拉门打开，这个房间就和走廊相通，非常宽敞。房间里还有一个由柏树木材打造的浴池，能极好地展现出木材的质感。

露天风吕就像一个精致的小庭院，男性专用风吕和女性专用风吕的面积差不多大，只不过女性专用的风吕是圆形，而男性的是长条形。泡澡的池子周边种着很多嫩绿的植物，透过叶子的缝隙，还能看到湛蓝的天空。

汤元长座的温泉水温适中，透明且带有一丝甜甜的气味。晚上只有提灯的点点灯光，浪漫极了。此外，这里还有三个露天的贷切风吕、一个木造的室内温泉和一个由岩石打造的室外露天风吕。

P146 图：本馆大厅，天花板很高。/P147 左上图：汤元长座的外观。/P147 左下图：大厅里的地炉。/P147 右上图：在河边建造的室外风吕"河原汤"。/P147 右下图：女性专用的露天风吕。

岐阜・福地温泉

孙九郎

地址：岐阜县高山市奥飞驒温泉乡福地 1005
最近的车站：JR 高山本线高山站

日式流行

>> 旅馆信息、温泉水质数据等请参照 P229

受惠于大自然的温泉

奥飞驒温泉乡是从栃尾温泉到新穗高温泉之间的温泉地的总称。我在这本书里主要为大家介绍的是其中的福地温泉，以及当地环境氛围优渥的温泉旅馆。

除了汤元长座外，孙九郎也值得推荐。这里的住宿环境和温泉都很好，给我留下了深刻的印象。孙九郎是将古老民宅移建过来的二层木构建筑，走进去就会看到一个设有地炉的空间。整个空间有些昏暗，地上铺着榻榻米，给人一种传统日式旅馆的感觉。想必所有的装修和摆设，也都是为了将这种氛围完整地保留下来吧。

这里的温泉同样是上乘的温泉。福地温泉的源泉水温很高，但这里使用了热交换器，温泉水便可以在不接触外部空气的条件下，始终保持在45℃。室内温泉的源泉为75℃高温的重曹泉，泉水透明，浴池的木边上附有一些杂质，从侧面证明了水质的精良。

这间旅馆最有名的是它的露天风吕。女性专用的露天风吕"白帝汤"是由石块堆砌而成的庭园风格的风吕，周围种植了很多植物，清新养眼。两个源泉混合而成的温泉水呈现出翡翠绿色，只是单纯地看着不断涌

出的泉水，心情都会变好。我靠近温泉拍了几张照片，拍出来的温泉呈黄绿色。男性专用露天风吕"帝汤"则由67℃的重曹泉和36℃的单纯泉混合而成，源源不断地供应到浴池里。

孙九郎还有一个特别的房间叫"音泉 Living Paragon"，里面配备了美国 JBL 公司生产的高级音响设备"Paragon"和"Macintosh"的真空管音箱，用它们听音乐真是极致的享受。房间里的家具也都极为考究，是全部选用飞騨高山"柏木工"打造的高品质家具。

● P148 左图：孙九郎本馆的餐厅，中央有一个地炉，住客在享受美食的同时，还可以在里面烤鱼，很有意思。/P148 右图：男性专用露天风吕"帝汤"，泡温泉的同时还能欣赏山间的自然风景。/P149 左上图："天领馆"的客房，面积将近 20 平方米。/P149 左下图：孙九郎的外观。/P149 右上图：旅馆的玄关大厅。红色的绒毯和地炉氛围十足，裸露出来的房梁也很引人注目。/P149 右下图："音泉 Living Paragon"里采用的是顶级的家具设备。

和歌山・南纪胜浦温泉

浦岛旅馆

地址：和歌山县东牟娄郡那智胜浦町胜浦 1165-2
最近的车站：JR 纪伊势本线纪伊胜浦站

乡下风光

>> 旅馆信息、温泉水质数据等请参照 P230

大自然孕育的宏伟风吕

南纪胜浦周边有很多优质的温泉旅馆。其中，浦岛旅馆占地面积巨大，拥有好几种硫黄泉，可以同时满足住客的不同需求。

在这间宏伟的旅馆中，最吸引人的便是洞窟风吕了。酒店坐落在海底隆起而形成的海角上，经过熊野滩的风浪侵蚀，形成了一个洞口宽 25 米、深 50 米、高 15 米的天然洞窟，里面的温泉水是自然涌出的，自古以来人们就在此沐浴。据记载，平安时代末期，熊野一带的贵族还会专程来到这里沐浴以消除疲劳，放松身心。

相传，纪州的一个贵族来到这里后连声称赞"这里让我舒服得流连忘返"，于是便得名大洞窟风吕"忘归洞"，舒适程度可见一斑。浴池中不断添加着源泉，因此池中不同地方的温泉水浓度也不尽相同。洞窟最深处使用的是温泉成分含量较少的温泉水，颜色透明，属于弱食盐泉，另一个洞窟风吕"玄武洞"中则是比较浓的白浊色温泉。

我最喜欢这里的浜木棉汤，但现在它已经变成了女性专用。当年我泡的时候，里面的温泉水并不是白浊色，而是食盐硫黄泉类的温泉水特有的"黑汤"，整池的温泉水呈现出灰

色。搅动一下池水，池底就会浮起黑色颗粒状沉淀物，池水变成灰黑色。等到水面平静了，这些沉淀物又会沉下去，泉水再次变清。这是因为温泉水中铁粉含量很高，硫化铁变成黑色所致，对于温泉爱好者来说，可谓极具吸引力。

室内温泉"矾汤"在涌出时会伴随着"扑哧"的声音，很有意思。此外，从位于三十二层的"天海汤"眺望出去，景色简直棒极了，享受优质温泉带来的舒适感受之余，也能够一并将广阔的太平洋尽收眼底。

● P150 图：巨大的洞窟风吕"忘归洞"。/P151 左上图：面朝大海的酒店外观。/P151 左下图："山上馆"的客房。/P151 右上图：大厅。/P151 右下图：洞窟露天风吕"玄武洞"。

和歌山·汤峰温泉

吾妻屋

地址：和歌山县田边市本宫町汤峰 122
最近的车站：JR 纪伊势本线新宫站
传统木构建筑

>> 旅馆信息、温泉水质数据等请参照 P230

一千八百年前发掘的日本最古老的温泉

汤峰温泉面朝世界遗产熊野古道。位于这一带从河底涌出的川汤温泉因水量极其丰富被视作是"日本第一露天风吕"，此外还有渡良濑温泉等温泉。

汤峰温泉是一条由十几家温泉旅馆组成的温泉街。从河底不断涌出温泉水的"壶汤"被指定为世界遗产，颇具人气。在一个叫作"汤筒"的地方，可以看到接近 100℃ 的温泉咕嘟咕嘟地翻滚着涌出。用滚烫的温泉水煮鸡蛋的情景，在这里随处可见。

吾妻屋是位于汤筒前面的两层木造温泉老店，因为与后面另外一座两层木构建筑相连，有时会被写作"四层木构建筑"。无论是两层还是四层，这里都是经典的传统木构建筑。客房是传统的日式风格，每个房间都有其独特的装饰风格和摆设。建筑内大胆使用了松木柱子，老旧的窗户有些歪斜变形，也更突出了旅馆的怀旧氛围。

这里使用的温泉是温度高达 92.5℃ 的食盐重曹泉"环汤源泉"。在大浴场"槙风吕"中有两个巨大的浴池，一个叫 Samashi 汤，提供源源不断的新鲜活水。虽然另一个大浴池里的温泉是兑了水的，但 Samashi 汤里的

却是百分之百的源泉，经过降温处理后直接提供给客人使用。虽然源泉水闻起来总是有一股硫黄的臭味，但在Samashi 汤中已经几乎闻不到了。

浴池由全松木打造，别具一格，在高高的天花板的映衬下，整个浴室显得简洁大方。浴室的墙壁上贴着许多圆木，看上去像山间小木屋一般，极具特色。据说位于庭园中央的露天风吕，还是京都大学庭园建造专业的教授设计的。

这家温泉旅馆的特色美食是用温泉水熬制的温泉粥，口感滑软，香甜可口。

P152 图：吾妻屋的外观。/P153 左图：典雅别致的木头走廊。/P153 右上图：大浴场的浴池，全部由松木打造。/P153 右下左图：房间里的柱子是一根完整的松木。/P153 右下右图：客房。

兵库·城崎温泉

三木屋

地址：兵库县丰冈市城崎町汤岛 487
最近的车站：JR 山阴本线城崎温泉站

文化遗产　传统木构建筑

>> 旅馆信息、温泉水质数据等请参照 P231

志贺直哉曾住过的客房"26 号室"。这个房间还曾出现在小说《暗夜行路》之中。

文豪志贺直哉格外钟爱的温泉老店

城崎温泉位于日本海一侧的兵库县北部，温泉街中心的河流两岸，垂柳拂面，两层或三层的木结构旅馆魅力独特。这里的源泉由当地集中管理，共有七处风格独特的室外温泉，全部泡个遍的外汤巡游是这里的经典游玩路线。傍晚时分，在安静祥和的温泉街上散散步，会收获一份内心的安宁。

三木屋是一个温泉老店，因被称作"小说之神"的文豪志贺直哉的到访而广为人知。据说他的著名短篇小说《在城崎》，就是在这里创作出来的。不过当时他所住的那处建筑，在大正十四年（1925 年）时因北但马地震[1]倒塌，昭和二年（1927 年）重建，据说重建后志贺直哉还曾数次到访。

志贺直哉最心仪的"26 号室"至今仍保留着当年的样貌，供人们参观或住宿。从这个房间的阳台能看到小说《暗夜行路》中出现过的庭园。

三木屋开业至今已经超过三百年，是国家登录的有形文化遗产。这里的三层木构建筑，基本都是昭和二年时重建的。为了让客人有更好的住宿体验，2013 年时，又翻新了其中的部分建筑。

三木屋的室内温泉里都贴着小瓷

砖。城崎温泉将当地的源泉全部统一管理，把四处源泉的温泉水混合后分配给各家温泉旅馆使用。三木屋使用的水中温泉成分含量很高，泉水透明，有盐的微苦味，闻起来还有一股香味。虽然是混合泉，但泉水的质量绝对有保障。

住宿的客人可以免费多次前往温泉街上的七个室外温泉。这些室外温泉的建筑也很有看点，比如位于车站前的 Sato 汤是有着气派大门的寺院风格建筑，御所汤的外墙上有精巧的格子窗。无论哪个室外温泉，都有自己独特的建筑风格和魅力，如果有机会来到这里的话，不妨也来一次外汤巡游。

1　1925 年 5 月 23 日兵库县北部发生的地震，震级为 6.8 级。

P156 图：三木屋的旅馆外观。/P157 左上图：贴着复古风格瓷砖的"映山红汤"。/P157 左下图：宽敞的"柊汤"。/P157 右上图：占地面积约 992 平方米的回游式庭园。/P157 右下图：复古的木质窗框。

冈山・奥津温泉

奥津庄

地址：冈山县苫田郡镜野町奥津 48
最近的车站：JR 姬新线津山站

传统木构建筑　足底自喷

>> 旅馆信息、温泉水质数据等请参照 P231

开店八十多年，有浓厚历史氛围的奥津庄的外观。

奇迹般的足底自喷温泉

奥津温泉、汤乡温泉、汤原温泉并称为冈山"美作三汤"。汤原温泉有一个共同露天风吕"砂汤"，源泉从足底涌出，是极少见的温泉类型。奥津庄的地底就拥有源泉，更为罕见。

奥津庄有两个足底自喷温泉：一个是"键汤"，另一个是"立汤"，都是有特色且极为舒适的温泉。键汤里的浴池比较大，温泉水从池底的岩石中涌出，溢出池子的水冲刷着浴室的地板。浴池表面很干净，透过泉水可以清楚看到池底的岩石。由于张力原因，池子里的水看着就像鼓起来了一样，晶莹剔透的泉水不断从池子里溢

出，在地板上四散开来，可谓最棒的足底自喷温泉。

浴室里稍显昏暗，氛围极好。据说，艺术家栋方志功很喜欢这里，曾到访过几次。直到现在，馆内还展示着好几件栋方志功的艺术作品。

我最喜欢的是这里的立汤。比起键汤，立汤更加野性一点，地板上的大块岩石占据了浴室差不多一半的面积，旁边就是浴池。立汤的水深及胸口，有一点泛绿，水温正合适。泡在里面能感觉到温泉水从足底的天然岩石里咕嘟咕嘟地涌出来，非常奇妙。这里的温泉水透明、无味无臭、干净

清澈。温泉不断从足底涌出的感觉，本身就已经为整个温泉加分不少。

　　奥津庄是一栋两层高的木构建筑，外观气派华美。门口铺着红色的地毯，为复古怀旧的风格增添了一丝亮点。虽然这里主要以裙房来迎宾待客，但我其实还挺想到气派的本馆二楼住上一晚的。

P160 图：贷切风吕"泉汤"。/P161 左上图：很有氛围的旅馆大厅。/P161 右上图：复古瓷砖壁画和楼梯。/P161 左下图："键汤"。/P161 下中图："立汤"。/P161 右下图：精致的拉门。

地址：鸟取县米子市皆生温泉 3-17-7
最近的车站：JR 山阴本线米子站

竹菊清训　著名庭园　日式流行

>> 旅馆信息、温泉水质数据等请参照 P232

建筑师菊竹清训设计的本馆"天台"，一个以"出云大社"为设计理念的宏伟建筑。

鸟取·皆生温泉

东光园

山阴著名温泉，仿佛浮在空中的建筑

说到位于山阴中心米子周边的温泉，就必须要说皆生温泉了。这里拥有属于石膏泉的"玉造温泉"和被称为美人汤的"汤川温泉"，作为米子的后花园发展至今，是一个靠日本海海岸的温泉。1900年，这里被渔民发现，现在已经发展成为拥有三十多家温泉旅馆的大型温泉乡了。

皆生温泉风光旖旎，曾被评选为"日本夕阳、朝阳 100 选""日本海滨 100 选"以及"日本白砂青松 100 选"等。

东光园的地理位置极佳，能够眺望到日本海和几座名峰，旅馆的建筑设计出自建筑大师菊竹清训之手，整个现代风格的建筑仿佛飘浮在空中，大胆创新的设计令人惊叹不已。

一楼大厅的房顶极高，上面的中间层是一个屋顶庭园，再往上才是客房。上层用一个巨大的横梁吊起，这个设计非常独特大胆，据说是借用了鸟巢的建造手法。在上层可以眺望到湛蓝的大海，能够让追求自然美景而慕名前来的旅客心满意足。

从壮丽的本馆"天台"正面玄关进来之后，呈现在面前的是美丽的庭园"天台庭"，豁然开朗。天台庭由雕刻家流政之打造，与风庭、舍庭、里庭、郭庭、云庭、染庭并称为"东

光园七庭"，供人尽享美景。

　　这里有多种类型的客房可供客人选择。如果想欣赏名峰和庭园，可以选择本馆的"天台"；如果想住日式和西式兼具的房间，可以选择"喜多馆"；如果喜欢茶室风格的房间，可以入住裙房。

　　东光园有两种类型的温泉。室内温泉使用的是皆生温泉，属于食盐泉，触感有些粗糙，泉水有盐苦味。室外温泉使用的是东光园独有的源泉，从山中涌出，是丝滑的弱碱性单纯泉。露天风吕和庭园都由流政之设计，非常豪华。

　　此外，旅馆中还设有贷切风吕和蒸汽风吕，人们能以不同的形式，享受泡温泉的乐趣。

P164 图：从二楼望向一楼的大厅。/P165 左上图：雕刻家流政之打造的"东光园七庭"。/P165 左下图：从庭园看"东光园"的建筑。/P165 右上图：裙房的客房。/ P165 右下图：很敞亮的室内温泉"染汤"。

岛根 · 有福温泉

三阶旅馆

地址：岛根县江津市有福温泉町 692
最近的车站：JR 山阴本线敬川站
传统木构建筑
>> 旅馆信息、温泉水质数据等请参照 P232

闻如其名的传统温泉旅馆

有福温泉位于岛根县中央，被誉为"山阴的伊香保"。作为温泉街来说，这里的规模较小，只有六家温泉旅馆，分别沿着台阶逐阶而建。这里的温泉历史悠久，相传是在大约一千三百多年前，即圣德太子[1]所在的时代，由从天竺至此的法道仙人发现的。据说，诗人柿本人麻吕也曾和妻子一起来这里泡过温泉。

温泉街虽然不大，却聚集着三处室外公共温泉，当中最值得推荐的是御前汤。这个公共温泉坐落在这条石板街道的正中央，壮丽霸气的外观在全日本都屈指可数，仿佛要称霸此

处。外墙贴着瓷砖，拱形窗户三两相连，着实复古，像一件大正时代的艺术品。在浴室里可以看见这些拱形窗户，浴池全部由大理石铺成，新鲜的温泉水从三个地方不断涌出。

另外两个公共温泉是"五月汤"和"弥生汤"，也都值得一去。近几年，这里开设了一个名为"有福咖啡"的公共设施，旅客能够以便宜的价格享受到六种不同风格的贷切露天风吕。

至于三阶旅馆为什么叫"三阶"呢？据说这里原本是为江户时代末期隐居在此的一位贵族建造的三层别墅。

在那个年代，三层高的建筑还很稀有，所以当地居民便根据楼层高度，称其为"三阶"，并一直沿用至今。

现在，这个旅馆经过改造，将古建筑的独特魅力完好地保留了下来。屋顶上的兽头瓦和窗框都是以前的，因此在这里依然能领略到江户时代工匠的精湛手艺。栏杆、房梁和三楼部分拉门也没有换新，这些细节处无不展现着当年的风采。

三阶旅馆的浴室面积较小，墙面贴着瓷砖。虽然这里不提供温泉，但旁边就是五月汤，徒步一分钟左右就能到达御前汤，徒步两分钟左右就是弥生汤，还是很方便的。如果有时间的话，不妨将三个温泉泡个遍。

这里的温泉水透明、无味无臭，虽然并非个性强烈的温泉，但据说有很好的美肤效果。

---

1 圣德太子（574—622），日本飞鸟时代的政治家，用明天皇第二子。

● P166 图：三阶旅馆的外观。窗框、房顶的兽头瓦都是当年最原始的样貌。/P167 左上图：最上层的特别客房。/P167 左下图：古旧栏杆上的装饰。/P167 右上图：共同浴池"御前汤"的外观。/P167 右下图："御前汤"复古的入口。

地址：爱媛县松山市道后汤之町 5-6
最近的车站：伊予铁道城南线道后温泉站
重要文化遗产　传统木构建筑　著名温泉
>> 旅馆信息、温泉水质数据等请参照 P233

明治二十七年（1894 年）改建的本馆。房梁的改造聘请了建筑世家出身的木匠坂本又八郎。

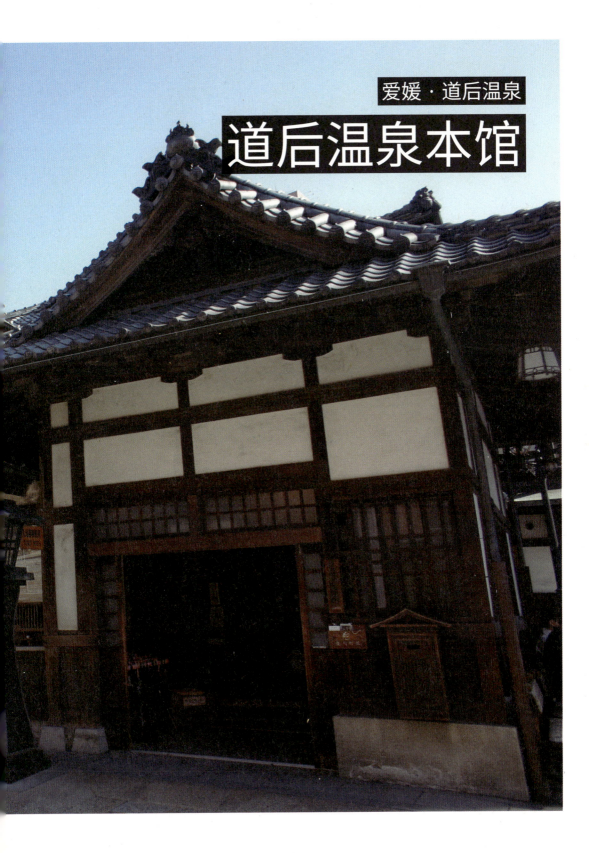

爱媛·道后温泉

道后温泉本馆

夏目漱石《少爷》中出现的著名温泉

位于爱媛县松山市的道后温泉是日本西部屈指可数的温泉，位于温泉街中央的道后温泉旅馆是整条街的标志性建筑，曾于明治二十七年（1894年）进行改建，并于平成六年（1994年）作为公共浴场被评为国家重要文化遗产。目前，以浴室建筑或共同浴场身份被评为国家重要文化遗产的，只有道后温泉本馆和上诹访温泉的片仓馆两处。

首先不得不提的是道后温泉本馆大气宏伟的外观。从正面看，房顶的破风层层叠叠，像庄严的宫殿，但只有玄关正上方的破风是唐破风。从侧面看，三层栏杆交叠在一起，呈现出另一种精美大气之感。转到后面的话，会发现后面的破风不是用砖瓦搭建，而是用铜板搭建的，可谓匠心独运。本馆三层上面有一个望楼"振鹭阁"，约3.3平方米，四周镶着红色的玻璃，里面的灯光曾将这个历史悠久的温泉街照耀得绚丽夺目。

道后温泉本馆浴场中，最外面的是神汤，靠里的池子是灵汤。神汤里有一个烧水炉，上面的浮雕是出云一带两位神明的形象，墙壁上铺着别致的陶板，灵汤的墙壁上则铺着大理石，极为奢华。这里的温泉水透明、

无味无臭，源源不断的活水让人泡得非常痛快。

这里有日本唯一的皇室专用浴室"又新殿"，是桃山时代风格的优雅建筑，里面的榻榻米来自高级品牌"备后表"，格栅天花板以全铜打造，低调而奢华。

二楼是休息用的大厅，三楼是灵汤专用的休息单间，另外还有一个与夏目漱石作品有关的"少爷间"。夏目漱石的《少爷》中出现的"住田温泉"，其原型就是道后温泉。当年夏目漱石泡完温泉后休息的房间，现在可供人们参观。

P170 图："神汤"，蓝色的陶板浮雕很有特色。/P171 左上图："又新殿"正面。/P171 左下图："少爷间"。/P171 右上图：本馆屋顶上的"振鹭阁"。/P171 右下图："灵汤"。

1

2

著名的温泉旅馆、传统建筑都拥有极具个性的工艺和创意，既展现了匠人们精巧的手艺，也是历史的精华。
在这里为大家介绍其中一小部分。

1 平矶温泉银鳞庄隔扇上的拉手部分，雕刻的图案细致生动。

2 箱根小涌谷温泉三河屋旅馆玄关处的"迎鸟"（お迎え鳥），是吉祥的守护品。

3 别所温泉花屋大理石风吕中的彩色玻璃，光线透过来的时候十分精美。

4 国家有形文化遗产涩温泉金具屋中的"斋月楼"，照片是楼梯处的窗户。

5 东山温泉向泷中"狐汤"的出水口，泉水流出溅起的水花别有一番趣味。

6 塔之泽温泉福住楼客房的拉门，精致的造型和光线下的倒影都美得难以言喻。

3

4

5

6

第五章

九州

大分·由布院温泉

龟井别墅

地址：大分县由布市汤布院町川上 2633-1
最近的车站：JR 久大本线由布院站

茅草顶　传统木构建筑　著名庭园

>> 旅馆信息、温泉水质数据等请参照 P233

这栋茅草屋顶建筑是以前大浴场的更衣室。整个旅馆给人一种恍若隔世之感。

被九重连山环绕的水边别墅

龟井别墅是由布院温泉三大代表旅馆之一，我格外钟爱这里。小门设计精妙，进去后别有洞天，与外面相比，仿佛是由门隔开的另一个世界，绝无仅有。我在花草枯萎的冬季和繁花盛开的夏季都来过这里，每次进门时都想着"我又要进入另一个世界了"。门前有一个精致的小库房，茅草屋顶在周围景色的映衬下别有一番风味。

虽然龟井别墅只有二十一间客房，但占地面积却足足有3300平方米。从金鳞湖延伸过来的森林，似乎也已经成了这里的一部分。

本馆有六间复式的西式房间，裙房中有十五间客房。裙房中都配有室内温泉，充足的水量能让人得到充分的享受。此外，还有一间名叫"百番馆"的大套房，包括客厅在内共有四间屋子，最多可供七人同时入住。

龟井别墅中江户时代末期的建筑"键屋"，二楼白天是咖啡厅，晚上摇身一变成为酒吧，一楼贩卖一些当地的土特产，很有江户时代的特点。餐厅"汤岳庵"是有着高大天花板的民宅建筑，房梁裸露在外，极具特色。它不在别墅里面，而是在大门外，观光客也可以到里面用餐。我在这里点

　　了一份套餐，好吃得令人赞不绝口。据说这里使用的新鲜蔬菜都是和当地农户签约订购的，使用的河鱼和肉也都是当地上好食材。

　　龟井别墅的温泉是由布院特有的单纯温泉，泉水透明、无味无臭，就算每天泡都不会厌烦。在六角形房顶的大浴场里可以眺望庭园，开阔的视觉让人仿佛投入了大森林的怀抱。

● P176 图：开阔的露天风吕。/P177 左图：充分考虑到设计和配色的复古楼梯。/P177 右上图：茅草顶的门口。/P177 右下图："键屋"的二楼，这里白天是咖啡厅，晚上是酒吧。

福冈・二日市温泉

大丸别墅

地址：福冈县筑紫野市汤町 1-20-1
最近的车站：JR 鹿儿岛本线二日市站
传统木构建筑　著名温泉旅馆
>> 旅馆信息、温泉水质数据等请参照 P234

约 330 平方米的巨大室内岩石风吕"次田汤"，大落地窗极具特色。

巨大庭园中的温泉旅馆

二日市温泉是日本最早的诗歌总集《万叶集》中提过的温泉，历史悠久，离博多区很近，其中最为人称道的就是大丸别墅了。

大丸别墅的大门顶上有一个精致的千鸟破风，虽然是两层的木构建筑，但里面只有十间客房，每间客房的使用面积都有所保证。

我曾经因为某本杂志策划的"九州十佳温泉"到访博多。九州是温泉爱好者的天堂，我记得当时为了选择去哪家旅馆犹豫了好久，后来有人推荐了大丸别墅。为了拍摄杂志上用的照片，我赶紧预约了房间，前来亲身体验一番。

古色古香的旧门（东门）和这个温泉地的代表性公共浴场"博多汤"并排而建，门口的木栅栏突显了老建筑独有的厚重感。另一侧靠近国道的才是正门，我从这边进入了旅馆。

大丸别墅里最美的是它的中庭。精心设计的池塘和精心栽培的植物，赋予这个巨大的日式庭院美丽和宁静。中庭占地面积约 11570 平方米，以昭和天皇曾下榻的纯木构书斋风格的大正亭为首，四周还有昭和亭与平安亭。餐厅的一部分面朝庭园，可以让人在一饱口福的同时一饱眼福。

这个温泉旅馆只有室内温泉，干净整洁，窗户的设计复古耐看。浴室在中庭的一角，面积约330平方米的巨大室内岩石风吕"次田汤"设计得不落俗套，水较深的地方仿照了池塘，水较浅的地方仿照了河川，池底铺了很多圆石，泡在里面别有一番滋味。

旅馆里所有房间都自带室内风吕，大正亭还有贷切风吕"水心汤"和"芦汤"，只提供给住宿的客人使用。和家人一起来这里泡个温泉，不被外界打扰，是个不错的选择。

虽然温泉水不断注入池内，但却是在浴池内加热循环使用的，出水口处会闻到一股鸡蛋味和淡淡的硫黄臭味。这里的源泉和博多汤一样，都是有硫黄臭的单纯泉，泉水透明清亮，手感爽滑。

● P180图：占地面积约11570平方米的中庭中散落着好几处建筑。/P181左上图：贷切风吕"水心汤"。/P181左下图："平安亭"全景。/P181右上图："大正亭"的客房。/P181右下图：玄关正面。

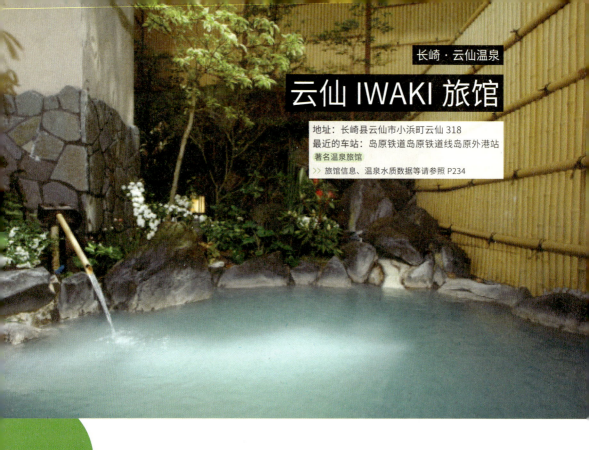

云仙 IWAKI 旅馆

地址：长崎县云仙市小浜町云仙 318
最近的车站：岛原铁道岛原铁道线岛原外港站
著名温泉旅馆

>> 旅馆信息、温泉水质数据等请参照 P234

云仙温泉首屈一指的温泉旅馆

云仙岳耸立在岛原半岛中央，周围一带是日本首个被指定为温泉保养地的国立公园。这里春天可以欣赏到九州杜鹃，夏天是很好的避暑地，秋天红叶美不胜收，冬天还能看到雾冰，一年四季都吸引着无数观光客到访。被硫黄的味道和水蒸气环绕的"云仙地狱"因岛原基督教徒在此殉教而闻名，周边就是云仙温泉街。

穿过云仙地狱的水蒸气，我来到了历史悠久的温泉街。这一带盛行将建筑风格统一起来的"修景运动"，我能强烈感受到，整条温泉街都在为将这里打造成更具吸引力的景点努

力着，我也着实期待看到它将来的样子。

云仙 IWAKI 旅馆在云仙地狱附近，比较小巧，大门是小清新的日式风格。别看它样子小小的，却是云仙温泉这一带唯一一个拥有地底源泉的旅馆，提供给客人的温泉都是百分之百新鲜的泉水，多出来的泉水会引流到玄关处的"指汤"。

大浴场是室内的，浴池为四方形，设计简洁大方。温泉为自喷泉，水质呈酸性，是含硫黄成分的明矾泉，水温达 60.6℃。不过，这里算不上酸性泉，氢离子也没有出现在成分

分析表上，但因为 pH 是 2.4，还是会有一股酸味。既然这里的温泉以酸性著称，我觉得水中得有 1 毫克以上的氢离子成分。此外，水呈现出白浊色，应该是硫黄成分造成的。源泉直接从水龙头里流出，有点烫，用的时候我只好将水龙头开小一点。

这里有五间带源泉露天风吕的特别客房，提供的也都是源源不断的新鲜泉水。一般客房是传统的日式房间，到了冬天要钻到暖炉桌里取暖。从楼上的窗户能够眺望到雄伟的云仙地狱。

整个旅馆的服务非常用心，所有

食材选用的也都是当地的美味，料理包括伊势大虾和长崎牛肉的陶板烧，还有鲍鱼料理等。

P182 图：女性专用露天风吕。青色的池水非常美丽。/P183 左上图：男性专用露天风吕。/P183 左下图：一般客房。/P183 右上图：旅馆的玄关。/P183 右下图：旅馆外观。

熊本・人吉温泉

人吉旅馆

地址：熊本县人吉市上青井町 160
最近的车站：JR 肥萨线人吉站

文化遗产　传统木构建筑

>> 旅馆信息、温泉水质数据等请参照 P235

人吉旅馆外观全景。球磨川近在眼前，美不胜收。

建造在"小京都"的日式温泉旅馆

人吉温泉是一个大型温泉地，拥有二十八个公共浴池和五十多处源泉，被称为"九州的小京都"，街上有数不清的著名景点和历史遗迹，让观光客们流连忘返。我来过这里很多次了。

这里有"新温泉""鹤龟温泉""堤温泉"等公共浴场，每个优美的建筑仿佛都在诉说着自己的故事。"中神温泉"水量丰富，"华卷温泉"的泉水会产生气泡并附着在人的皮肤上，每个浴场里都是优质泉水。每次来这里的时候，我都会到处泡温泉，待到很晚。如果想不疾不徐地放松一下，那

么不妨选择人吉旅馆。

人吉旅馆始建于昭和五年至昭和八年（1930 年—1933 年），由鹿儿岛的工匠建造，是一个两层木构建筑。砖瓦的房顶体现出了传统日式旅馆的风情，走廊和柱子擦得锃亮，颇为养眼。玄关、东栋、中央栋和西栋是国家登录的有形文化遗产，入口处的设计总让人联想到古老民宅的建造风格。

每一间客房都有其独特的风格，包括名字也很有特点。我这次住在一楼的"二俣"，这是一间传统书斋风格的房间，没有繁复奢华的东西，内

敛而质朴。从房间整体和里面的设备来看，价钱十分实惠。

这里的温泉属于弱碱性的钠－碳酸氢盐－盐化物泉，泉水有些滑润黏稠，几乎是无色透明且无味无臭的，经过了特别的加温处理。

这里的浴室也很特别，一个是岩石风吕，另一个则在深 80 厘米的浴池里放了一把木椅子，人可以坐在里面泡温泉。此外，这里也有贷切风吕，可供一家人使用。

● P186 图："扇间"的客房，呈现出昭和初期的建筑风格。/P187 左上图：擦得锃亮的走廊。/P187 左下图：放在玄关的地炉。/P187 右上图：人吉旅馆的外观。/P187 右下图：别具一格的木头楼梯。

熊本·地狱温泉

清风庄

地址：熊本县阿苏郡南阿苏村河阳 2327
最近的车站：南阿苏铁道高森线阿苏下田城触合温泉站
传统木构建筑　足底自喷
>> 旅馆信息、温泉水质数据等请参照 P235

有治病功效的足底自喷温泉

　　阿苏山的山麓有地狱温泉和垂玉温泉两处温泉，据说地狱温泉因温泉的后山上有一片因火山灰沉积而寸草不生的地狱地带而得名。在这一带，只有清风庄这一家温泉旅馆。

　　清风庄本馆是一个两层高的传统木构建筑，玄关处挂了两个大大的提灯。我专门为了泡温泉来过几次，又来这家旅馆住过几次，次数多到我都记不清了。

　　旅馆里有四间浴室。穿过男性专用和女性专用的室内温泉，便来到男女混浴的"雀汤"，浴池用一根树干刨制而成，有回归自然的感觉。这里

是足底自喷温泉，有六个水温较低的浴池和两个水温较高的浴池，每个浴池的温度都不一样，可以挑选最喜欢的那一个。浴室上面有一个小顶篷，应该称之为半露天风吕。虽然基本上是男女混浴，但也为女性安排了专用的入浴时间。

　　二十多年前我第一次来这里时，池底还有泥土的沉淀物，现在池水已经因为硫黄成分变成灰白色的了。足底不断涌出气泡，声音像极了麻雀的叫声，因此得名"雀汤"。

　　玄关旁边的室内温泉"元汤"是一个男女分别使用的室内温泉，很有

往昔的情趣。新汤也是一个半露天的
风吕，浴池由木头打造。此外，这里
还有男性专用的露天岩石风吕和女性
专用的仇讨汤等。

　　餐厅"曲水庵"用古木建造，地
炉烤出来的菜肴是这里的名菜，美味
极了。涂成黑色的房梁裸露出来，营
造出了整个空间的氛围。

P188 上图：挂着提灯的旅馆玄关。/P188
左下图：地炉里烤出来的鱼。/P188 右下
图：玄关内部。/P189 左上图：露天风吕
"雀汤"。/P189 左下图："新汤"。/P189
右上图："曲水庵"。/P189 右下图：本馆
客房。

山田别墅

地址：大分县别府市北浜 3-2-18
最近的车站：JR 日丰本线别府站
传统木构建筑
>> 旅馆信息、温泉水质数据等请参照 P236

昭和时代初期的保养别墅，改建成了温泉旅馆

别府温泉拥有日本第一的温泉涌出量，源泉的拥有量占据了整个日本的十分之一，是名副其实的日本第一温泉地。除了放射能泉外，所有类型的温泉都能在这里找到。位于铁轮地区的"别府汤烟"是别府八汤之一，曾被评为仅次于富士山的"想保留至二十一世纪的日本风景"。

别府温泉的公共浴池多达一百六十余处，远远超过了第二名、拥有十九处公共浴池的草津温泉。公共浴池在当地已经成为一种根深蒂固的文化。

这里有一条名为"温泉道"的路线，可以集齐八十八处温泉旅馆的印章。我在这个路线设计之初就参与了进来，在别人很难集齐八十八个印章的早期，我就已经集得差不多了。最近，这条路线又追加了一百三十处左右的温泉旅馆进来，为的是将难度降低。山田别墅就是后面追加进来的温泉旅馆。

走过公共浴池"海门寺温泉"后，就能看到怀旧气息十足的山田别墅了。这是一栋两层的传统木构建筑，大门口顶上是精致的千鸟破风。虽然旁边有西式建筑，但这个温泉旅馆整体来说是传统的日式风格。

旅馆里有两个昭和时代初期建造

的室内温泉，墙壁上贴着马赛克瓷砖，此外还有一个露天风吕。室内温泉有一个简洁的半圆形浴池，使用的自家源泉属食盐泉，透明无臭，干净清澈，泡在里面感觉肌肤滑滑的。庭院风格的露天风吕面积比较大，由石块堆砌而成，使用的温泉引流自稍远一点的源泉。

山田别墅中最吸引人的是面朝庭院的"蓬莱间"，它被布置得精美舒适，走廊环绕的设计极为精妙，书斋风格的栏杆是画龙点睛之笔，我一直很想在里面住一晚。顺便一说，西洋风格客房中的浮雕也颇为精致。

> P190 图：昭和时代初期流行的仿西洋风格的房间，现在用作大厅。天花板中央是工匠精心雕刻的浮雕。/P191 左图：旅馆的回廊。/P191 右上图：旅馆外观。/P191 右下左图：二楼的客房。/P191 右下右图：旅馆玄关。

地址：大分县由布市汤布院町汤平263
最近的车站：JR久大本线汤平站

传统木构建筑　乡间趣味

>> 旅馆信息、温泉水质数据等请参照 P236

傍晚时分的旅馆外观。后面庭园里的树木看起来像是茂密的森林。

大分・汤平温泉

志美津旅馆

建于汤平山间的治愈温泉旅馆

　　汤平温泉建在略微陡峭的溪涧，共有金汤、银汤、中汤、砂汤和桥本温泉五个公共浴场。沿着这几个公共浴场散散步，是个不错的选择。

　　汤平温泉的小胡同以前是些狭窄的石阶路，当年我来这里时爬得很辛苦，现在仍然记忆犹新。现在，这些小胡同已经禁止通行了。时隔许久后再次来到这里，我发现汤平、筋汤、汤坪温泉等大分县的温泉地多了很多精美的木构温泉旅馆，或许是受由布院和黑川温泉的影响吧。

　　穿过温泉旅馆集中区域的狭窄小路，道路稍微宽了一些，还出现了一

些庭院。最上面就是以志美津旅馆为首的几个风格洒脱的温泉旅馆。

　　志美津旅馆里有一个巨大的洞窟风吕，弯弯曲曲的洞窟里面有一个男女混浴的室内温泉，远近闻名。新鲜的活水温泉不断注入天然岩石堆砌的大浴池里，洞窟内充满了温泉的水蒸气，像温泉蒸汽风吕似的。除了这个巨大的洞窟风吕，这里还有露天风吕和贷切风吕。

　　这里的温泉水很滑，有滋润肌肤的功效，是新鲜温泉独具的特性。因为含重曹成分，刚涌出来的温泉触感舒爽。也正因为水中除了食盐成分外

还富含重曹成分，汤平温泉和峨峨温泉、四万温泉并称为日本三大治疗肠胃病的名汤。

太平洋战争时期，大部分汤平温泉都被划分为大分陆军的医院分院，用温泉治疗受伤病患。这里的源泉水温达69.5℃，是温泉成分含量达2474毫克的重曹食盐泉。泉水透明无臭，有淡淡的盐味和涩味。

志美津旅馆的客房基本都是传统的日式房间，面朝溪谷和庭院一侧的房间景色很美，可以根据人数和用途选择不同类型的房间。冬天，这里还有用暖炉取暖的咖啡厅，氛围非常好。

P194图：可以眺望庭院的男性专用露天风吕。/P195左上图：面朝庭院的客房"菊"。/P195左下图：大洞窟温泉。/P195右上图：面朝河川的客房"竹"，房间内大量使用了竹材。/P195右下图：旅馆前的花合野川。

鹿儿岛·妙见温泉

折桥旅馆

地址：鹿儿岛县雾岛市牧园町下中津川 2234
最近的车站：JR 日丰本线隼人站

传统木构建筑

>> 旅馆信息、温泉水质数据等请参照 P237

岛津家的温泉疗养地

妙见温泉和安乐、Ramune 等温泉地都是位于天降川沿岸的传统温泉。由于离鹿儿岛机场很近，从东京来这里很方便。就算是傍晚在这里泡个温泉，也能在晚上八点左右回到羽田机场。这一带温泉水量丰富，是绝佳的温泉乡。

这次来妙见温泉，我住的是折桥旅馆。旅馆是古老的木构建筑，门口草木茂密，宁静雅致。本馆为两层的传统木构建筑，掀开白色的门帘，就能看到擦得干干净净的柱子和木地板，内心也因此得到了一丝安宁。

折桥旅馆中有好几个雅致的裙房，比如保留了大正时代特色的纯日式建筑"有乐"、带有露天风格的石风吕"水明"、沿河而建的木制连廊"川雾"等，但我最喜欢的还是古色古香的本馆。很久以前开始，我就想在本馆住一次了，这次终于如愿住到了本馆二楼走廊尽头的房间，很是满意。这个房间两面都是窗户，外面一圈是走廊，栏杆上的透雕极为精致。虽然喜欢的房间风格因人而异，但比起设计感很强的现代建筑，我还是更喜欢这种保留了传统风韵的古色古香的房间。玄关也是茶室风格的，典雅精致，我忍不住拍了好多照片。

　　我第一个泡的是露天风吕"榉汤"。这个露天风吕有一个巨大的岩石浴池，池里满满的优质温泉水，池边还种着许多植物，仿佛一个幽静的庭院。比起安乐温泉，这里的温泉泉水中碳酸成分含量较少，但涩味更浓。与宽敞的室外温泉相比，室内温泉较为小巧，分为提供给旅馆住宿者使用的室内温泉和提供给只泡温泉而不住宿的客人使用的室内温泉两种。两个室内温泉的天花板都很高，温泉的热气不容易聚集在室内。

　　别馆里有一个叫"伤汤"的浴室，水温只有33℃，比较低，但对治疗伤口有一定的作用。在妙见温泉中，只有折桥旅馆的温泉是自喷温泉。

● P196 图：别馆"山水庄"中的"伤汤"，三角形的浴池饶有特色。/P197 左图：本馆二楼的客房。/P197 右上图：宁静的旅馆玄关。/P197 右下图：露天风吕"榉汤"。

雅叙苑

地址：鹿儿岛县雾岛市牧园町宿洼田 4230
最近的车站：JR 肥萨线嘉例川站

茅草屋顶　足底涌出

>> 旅馆信息、温泉水质数据等请参照 P237

服务贴心周到的温泉旅馆

雅叙苑位于妙见温泉，是一个有着茅草屋顶的温泉旅馆。进来之后最先映入眼帘的是一块看板，上面写着"从这里开始，鸡优先"。原来，这里的院内散养着很多鸡，大鸡带着小鸡散步的样子特别可爱。

这个被绿色环绕的温泉旅馆没有玄关，一进来直接就是客房，前面还有一个地炉。天花板是用粗木制作的房梁，黑亮而别致。茅草搭建的客房屋顶下可以看到有些泛黑的建筑材料，这是在只有古民居的建筑中才能看到的景色。

这里的每一间客房都带有露天风

吕，露台上还摆放了床，可以泡完温泉后躺到床上休息一会儿。室内大浴场"建汤"的浴池是由一块巨大的岩石凿出来的，上面有一盏小灯，昏黄的灯光营造出了和谐的氛围。

这家旅馆最特别的是可供包场的裙房浴室"打汤 /Ramune[1] 汤"，里面有两个浴池和一个按摩池，中间的浴池中不断有新鲜的泉水涓涓流入。仔细看的话就会发现周围地板上都是溢出来的泉水，多到形成了漩涡。原来，这些泉水都是从旁边洞口深处自然涌出来的，水温为 37℃ 左右，和人体温接近，随时都可以泡，泡多久都

不会觉得不适。

此外，这里的温泉水非常新鲜，碳酸成分能很好地保留在温泉中，附着在人体表面，不会跑掉。以前这里有一个位于斜坡上的半洞窟，从洞窟里的浴池能眺望河川，但这次没有对外开放。

雅叙苑的食材基本都是从直营农场和菜园里采购的，特色是当地养的土鸡，每一道料理都能品尝出食材原本的美味。还有一个有意思的地方是这里上菜时使用的全是竹盘子，这能让料理看上去更加美味可口。看着地炉的烟、院子里走来走去的鸡、茅草

的屋顶，这种大都市绝对体验不到的乡间乐趣，让人回归质朴的生活。

---

1 Ramune 是日本一种玻璃瓶内有弹珠的汽水，也叫波子汽水。

> ● P198 图："建汤"的浴池是用一块巨大的岩石凿出来的。/P199 左上图：茅草顶的旅馆外观。/P199 左下图：门口经常能看到出来"迎客"的鸡。/P199 右上图：客房的露天风吕。/P199 右下图：客房"椿"。

地址：长崎县云仙市小浜町云仙 320
最近的车站：岛原铁道岛原铁道线岛原外港站
文化遗产　古典风格
>> 旅馆信息、温泉水质数据等请参照 P238

圆形的房顶、精美的瓷砖、彩色的玻璃……这些都是西洋建筑中才能看到的元素。

长崎·云仙温泉

云仙观光旅馆

融合了东洋和西洋美的近代著名建筑

云仙一带自古以来就是深受人们喜爱的休养地和避暑胜地。云仙温泉位于海拔超过 1300 米的云仙岳半山腰，算是高原地区了，而"云仙地狱"的袅袅白烟又为云仙温泉蒙上了一层神秘的面纱。

昭和九年（1934 年），这里被评定为日本首个国立公园。第二年，云仙观光旅馆竣工。这个国家登录的有形文化遗产建筑至今仍保持着建造之初的模样，但外观并不会让人觉得破旧。三层的木结构建筑，就这样矗立在郁郁葱葱的树木后面。

旅馆一楼用钢筋水泥打造，二楼和三楼则是用木头打造。房顶和外面的窗框被涂成朱红色，如同瑞士的山间小木屋。三楼的墙壁与一楼和二楼的不同，下边两层的外壁都铺着熔岩石块。

云仙观光旅馆完美融合了日本原有的建筑技巧和瑞士山间小屋的建造风格；云仙的熔岩石与杉树、柏树搭配起来也极具特色。客房阳台上的扶手用圆木搭成，很有小木屋的风情，房间内部则较为华丽，深茶色的柱子和房梁是整个房间的点睛之笔。

客房的墙上贴着英国设计师威廉·莫里斯设计的壁纸。门把手距离

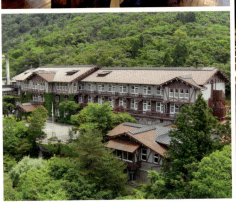

地面有135厘米，显然不是为了照顾日本人，而是根据欧美人的高大身形打造的。据说这里是第一个由竹中工务店负责设计施工的旅馆建筑。

这次我还参观了特别客房的内部，里面除了两张单人床以外，还有客厅和餐厅，整个房间特别宽敞。浴室的地板上铺着瓷砖，还有一个精致的猫脚浴缸。

云仙观光旅馆使用的温泉水含硫黄成分，属于酸性明矾泉，温度高达93℃。可供全家人一起泡温泉的家族风吕虽然面积小，但胜在温泉非常新鲜，并且提供源源不断的活水。

● P202图：瑞士风情的旅馆外观。/P203左上图：餐厅。/P203左下图：旅馆全景。/P203右上图：高级客房，墙壁上贴着威廉·莫里斯设计的壁纸。/P203右下图：怀旧风格的阅读室。

大分 · 长汤温泉
Lamune 温泉馆

地址：大分县竹田市直入町大字长汤 7676-2
最近的车站：JR 丰肥本线朝地站

藤森照信　著名温泉旅馆

>> 旅馆信息、温泉水质数据等请参照 P238

建筑师藤森照信设计的温泉旅馆，个性十足，令人难以忘怀。

藤森照信设计的个性温泉馆

长汤温泉位于大分、久住山系东麓的直入町。为了让更多的人享受到碳酸感很强的温泉，这一带的代表性温泉老店大丸旅馆在被称作"世界首屈一指的碳酸泉"的长汤温泉开了一个名叫"Lamune 温泉馆"的公共浴池。

很久以前我去大丸旅馆泡温泉的时候曾跟老板说"虽然温泉水中的碳酸含量很高，但源泉温度达到了46℃，里面的碳酸成分都跑光了，有点遗憾"。我记得当时还说"正是因为拥有日本第一碳酸泉的美誉，泉水里碳酸成分的含量应该要保持在1000毫克以上，这就需要使用较低温的泉水。如果能有一个这样的地方泡温泉就好了"。随后我就听说这里盖起了这样一个温泉馆，真是高兴坏了。

这个造型有些奇特的温泉馆出自著名建筑师藤森照信之手，外壁使用烧杉板材搭配白漆，黑白对比强烈。房顶上贴着手工制作的铜板，顶部种了一棵象征着祝福的松树，据说包含着"希望 Lamune 温泉馆能够长盛兴荣"的寓意。这个古代童话故事里才会出现的锥形顶，给人留下了深刻的印象。

室内浴室的墙壁涂成了白色，墙

角做出了弧度，感觉清新自然，浴池有些低矮。这里使用了两处源泉，水温为41.2℃，三个浴池里的水温不尽相同，即便是比较热的温泉池子，里面碳酸成分的含量也达到了911毫克，是长汤温泉极具代表性的泉水。露天风吕的水温只有32.3℃，但里面的碳酸成分含量达1380毫克，泉水透明、有碳酸的清爽味道和刺激味道。

泡在里面的时候，身体会附着一些小小的气泡，皮肤看起来白了许多。我觉得这里是能与七里田温泉的碳酸泉匹敌的优质温泉。一泡进去，碳酸特有的清爽感就会遍布全身，非常舒服。此外，这里还有被称为"高温汗室"的桑拿和淋浴，设施齐全。

● P206图：温泉馆外观，使用了烧杉板材和白漆等抗腐蚀的建材。/P207左图：光线照射进来后明亮的室内温泉。/P207右上图：附带的美术馆中常年展示着艺术作品。/P207右下图：气泡附着在皮肤表面的感觉很强烈，这也是碳酸温泉的特点。

别所温泉花屋干净光亮的走廊，这个走廊连接着各处的房间。

本书温泉旅馆详细信息

※ 本书中旅馆及温泉信息均为截至二〇一四年十月的信息。由于季节或旅馆自身条件的改变，有些信息可能会发生变化，前往之前请与该旅馆再次确认。

※ 所有的住宿费用均为税后价格（税率为百分之八），如果房间为双人间，书中刊登的是单人价格。

※ 基本费用中已含入汤税。若需额外支付，信息中会加以注明。

※ 温泉水温显示的是源泉的温度。

※ 有关温泉水质的数值等内容，包含了作者自行调查的部分，敬请注意。

泡温泉前必知注意事项

※ 提前确认公用温泉的开放时间，如果不是混浴，男女会被安排在不同的时间段内泡温泉。

※ 进入温泉池之前需要先淋浴，冲洗身体。淋浴处通常摆着小凳子，应尽量坐着洗，避免把水和泡沫溅在他人身上。

※ 不能穿戴任何衣物进入温泉池，也不能穿拖鞋进出。毛巾不能浸入水中，应叠起来放在温泉池边或是顶在头上。

※ 女士的长发应盘起，不要浸在温泉水中。

※ 禁止在温泉池里嬉戏、游泳。

※ 泡汤后应及时擦干身体上的水，避免把地面弄湿。

※ 绝大多数温泉禁止有文身的人进入。

北海道·平矶温泉
银鳞庄

地址：北海道小樽市樱 1-1
电话：0134-54-7010
主页：http://www.ginrinsou.com
客房数：共 15 间
费用：34710 日元（约合人民币 2100 元）
信用卡：VISA、JCB、Master、AMEX
办理入住时间：15:00
办理退房时间：11:00
露天风吕：有　**贷切风吕：**无
只泡温泉（不住宿）：不可以
温泉水温：51.3℃
开业时间：昭和十四年（1939 年）
交通：JR 小樽筑港站乘出租车 4 分钟
自驾：札樽高速公路朝里出口 6 分钟
飞机：新千岁机场乘出租车 1 小时 10 分钟

郡司勇的温泉介绍

这里的温泉属钠硫酸盐泉，因触感光滑柔和而广受好评。旅馆拥有自家源泉，泉水从地底 1300 米处涌出，水质绝佳，除露天岩石风吕和大浴场外，房间里也能泡温泉。钠硫酸盐是市面上贩卖的入浴剂中的主要成分，几乎没有禁忌症状，每天都能用来泡澡。因为温泉水能滋润肌肤，故被称作"美肌汤"。据说，这里的饮泉对治疗肠胃病有一定疗效。

北海道·上汤温泉
温泉旅馆银婚汤

地址：北海道二海郡八云町上汤 199
电话：0137-67-3111
主页：http://www.ginkonyu.com
客房数：共 21 间
费用：10950 日元（约合人民币 670 元）起
信用卡：不可用
办理入住时间：13:00
办理退房时间：11:00
露天风吕：有　**贷切风吕：**有（共 5 个露天温泉，冬季只开放其中 3 个）
只泡温泉（不住宿）：可以（星期一休息）
温泉水温：85℃
开业时间：昭和二年（1927 年）
交通：JR 落部站乘出租车 20 分钟
自驾：道央高速公路落部出口约 15 分钟
飞机：函馆机场乘出租车 1 小时 40 分钟

郡司勇的温泉介绍

这里的室内温泉及附属的露天温泉等场所中使用的泉水均为四个源泉的混合泉水，并加了 10% 的水，是温泉成分含量达 6708 毫克的食盐泉。其中，Tochini 之汤使用了自家拥有的浓度很高的重曹食盐泉（含盐量 8622 毫克），源泉水温为 49.9℃，可直接使用；红叶之汤和桂之汤的温泉则是两处泉水混合而成的重曹食盐泉（含盐量 7606 毫克）。也就是说，银婚汤的温泉水基本属于食盐泉，但泉水中含 20% 左右的重曹和将近 20% 的芒硝成分。源泉温度为 64℃~90℃，水温较高。

酸汤温泉旅馆

地址: 青森县青森市荒川南荒川山国有林酸汤泽 50

电话: 017-738-6400

主页: http://www.sukayu.jp/Tops/index

客房数: 共 52 间

费用: 工作日 10950 日元(约合人民币 670 元)起;节假日前一天 12030 日元(约合人民币 740 元)起

信用卡: VISA、JCB、Master、AMEX、UC、DC、NICOS、Diners、SAISON

办理入住时间: 15:00

办理退房时间: 10:00

露天风吕: 无 **贷切风吕:** 无

只泡温泉(不住宿): 可以

温泉水温: 约 50℃

开业时间: 江户时代

交通: JR 青森站乘出租车 45 分钟,乘公交车 1 小时 10 分钟

自驾: 东北高速公路青森中央出口约 40 分钟

飞机: 青森机场乘出租车 1 小时

郡司勇的温泉介绍

这里的温泉使用了自家四口温泉井的泉水,并分别提供给热汤、四分六分汤、汤泷及小浴场"玉汤"。热汤里有一个很大的浴池,源泉从足底不断涌上来。这里的所有温泉都呈现出白浊色,并带有像醋一样的味道,pH 达 2.2,呈酸性。分析表上显示,这里的温泉属于含硫黄酸性铝硫酸盐泉,有一股淡淡的硫黄臭味,是这一带极具代表性的酸性泉,对皮肤病有一定的疗效。由于能去除角质,故有美肤的效果。

饭塚旅馆

地址: 青森县黑石市大字温汤字鹤泉 60

电话: 0172-54-8303

主页: 无

客房数: 共 15 间

费用: 9720 日元(约合人民币 600 元),需额外支付 150 日元(约合人民币 9 元)入汤税

信用卡: 不可用

办理入住时间: 14:00

办理退房时间: 10:00

露天风吕: 无 **贷切风吕:** 无

只泡温泉(不住宿): 可以(需预约)

温泉水温: 58℃

开业时间: 江户时代末期

交通: 弘南铁道黑石站乘出租车 17 分钟,乘公交车 20 分钟

自驾: 东北高速公路黑石出口 10 分钟

飞机: 青森机场乘出租车 38 分钟

郡司勇的温泉介绍

这里的浴室除了清扫时间外,6:00—20:00 均可供顾客泡温泉。能同时进三四个人的浴池和能同时进六七个人的浴池均为纯木打造。温泉眼连着一根胶皮管,直接将最新鲜的温泉水注入浴池中,每分钟可提供 20 升水。虽然这里的温泉和公共浴池的水质有所不同,但同样令肌肤备感舒适。温泉属于纯食盐泉,无色透明,有淡淡的咸盐味和鸡蛋味,泡进去时肌肤表面会附着一些气泡。40℃~42℃的水温刚刚好。位于广场中心的"鹤之汤"是 55℃的食盐泉,能给身体带来极大的温暖。

青森·茑温泉

茑温泉旅馆

地址：青森县十和田市大字奥濑字茑野汤 1
电话：0176-74-2311
主页：http://tsutaonsen.com
客房数：共 24 间
费用：工作日 16350 日元（约合人民币 1000 元）起；
节假日前一天 18510 日元（约合人民币 1100 元）起；
需额外支付 150 日元（约合人民币 9 元）入汤税
信用卡：VISA、JCB、Master、AMEX、UC、DC、
NICOS、Diners、SAISON
办理入住时间：15：00
办理退房时间：10：00
露天风吕：无　**贷切风吕：**有（1 个室内温泉）
只泡温泉（不住宿）：可以
温泉水温：47℃
开业时间：大正七年（1918 年）
交通：JR 青森站乘出租车 1 小时 30 分钟，乘公交车
1 小时 43 分钟
自驾：东北高速公路黑石出口 57 分钟
飞机：青森机场乘出租车 9 分钟

郡司勇的温泉介绍

　　泉响汤的水温为 46.9℃，硫酸钠、碳酸氢根、氯的总含量达 1446 毫克，是非常清澈的温泉。温泉水从浴室的地板缝隙中不断涌出，泉水透明无臭，带有些许苦味。根据 2004 年的分析表可知，久安汤中钠、硫酸钙、碳酸氢根和氯的总含量为 1264 毫克。茑温泉旅馆中有两处足底自喷的温泉，温泉属于食盐重曹芒硝泉，是富含多种成分的优质温泉。

岩手·铅温

藤三旅馆

地址：岩手县花卷市铅字中平 75-1
电话：0198-25-2311
主页：http://www.namari-onsen.co.jp
客房数：共 32 间
费用：工作日 9500 日元（约合人民币 580 元）起；
节假日前一天 11500 日元（约合人民币 700 元）起；
需额外支付 150 日元（约合人民币 9 元）入汤税
信用卡：VISA、JCB、Master、AMEX
办理入住时间：15：00
办理退房时间：10：00
露天风吕：有　**贷切风吕：**有（1 个室内温泉）
只泡温泉（不住宿）：可以
温泉水温：60℃
开业时间：天明六年（1786 年）
交通：JR 花卷站乘出租车 25 分钟，乘公交车 40 分钟
自驾：东北高速公路花卷南出口 20 分钟
飞机：岩手花卷机场乘出租车 35 分钟

郡司勇的温泉介绍

　　这里的温泉使用的是下游的汤源泉和河鹿的汤源泉，二者均为单纯温泉，水温分别为 50.2℃和 50.4℃，泉水透明、无味无臭。虽然这里的桂汤很有名，但白猿汤作为天然自喷岩石风吕，有着日本第一的深度。这一带是著名的温泉疗养胜地，温泉多为单纯温泉，不会给身体造成负担，有疗养的效果。虽说是单纯温泉，但温泉成分的含量也差不多相当于一份家用入浴剂的量了。

岩手·大泽温泉

菊水馆

地址：岩手县花卷市汤口日荫坂 123
电话：0198-25-2233
主页：http://www.oosawaonsen.com
客房数：共 15 间
费用：工作日 7494 日元（约合人民币 460 元）起；
节假日前一天 8574 日元（约合人民币 530 元）起
信用卡：VISA、JCB、NICOS、AEON
办理入住时间：15：00
办理退房时间：10：00
露天风吕：无　贷切风吕：无
只泡温泉（不住宿）：可以
温泉水温：51℃
开业时间：不详
交通：JR 花卷站乘出租车或公交车 30 分钟
自驾：东北高速公路花卷南出口 15 分钟
飞机：岩手花卷机场乘出租车 30 分钟

郡司勇的温泉介绍

　　宽敞的露天温泉"大泽汤"中的泉水为碱性单纯泉，透明、无味无臭。根据分析表显示的数据，水中碳酸根含量为 23.7 毫克。大泽温泉每分钟可涌出 753 升温泉水，水量非常丰富。

山形·银山温泉

能登屋旅馆

地址：山形县尾花泽市大字银山新畑 446
电话：0237-28-2327
主页：http://www.notoyaryokan.com
客房数：共 15 间
费用：工作日 16350 日元（约合人民币 1000 元）起；
节假日前一天 18510 日元（约合人民币 1100 元）起
信用卡：VISA、JCB、Master、AMEX、UC、DC、NICOS、Diners
办理入住时间：14：00
办理退房时间：10：30
露天风吕：有　贷切风吕：有（1 个露天温泉，1 个室内温泉）
只泡温泉（不住宿）：不可以
温泉水温：63.1℃
开业时间：明治二十五年（1892 年）
交通：JR 大石田站乘出租车 28 分钟，乘公交车 36 分钟
自驾：山形高速公路山形北出口 1 小时 10 分钟
飞机：山形机场乘出租车 45 分钟

郡司勇的温泉介绍

　　这里的温泉属于温泉成分含量达 2120 毫克的含硫黄食盐泉，其中硫氰根含量为 3.3 毫克，硫化氢含量为 3.8 毫克。根据环境条件的变化，有时泉水呈白浊色，但我到访时泉水是透明的，有一点盐味和鸡蛋味，还有一股硫黄的臭味。银山温泉属于能闻到很重盐味和硫黄臭味的优质温泉。能登屋旅馆中张贴的是 59.1℃的 4 号泉分析表。食盐泉能让人由内而外地发热，即便只有 2 克左右的含量，长时间泡在里面也会汗流不止。如果换算成家用浴缸的话，相当于放了 400 克的食盐。

汤殿庵

地址： 山形县鹤冈市汤田川乙 38
电话： 0235-35-2200
主页： http://www.kameya-net.com/yudono/
客房数： 共 14 间
费用： 工作日 15660 日元（约合人民币 960 元）起；
节假日前一天 17280 日元（约合人民币 1060 元）起；
需额外支付 150 日元（约合人民币 9 元）入汤税
信用卡： VISA、JCB、Master、AMEX、UC
办理入住时间： 14：00
办理退房时间： 11：00
露天风吕： 有　**贷切风吕：** 无
只泡温泉（不住宿）： 不可以
温泉水温： 44℃
交通： JR 鹤冈站乘出租车 15 分钟
自驾： 山形高速公路鹤冈出口 10 分钟
飞机： 庄内机场乘出租车 25 分钟

郡司勇的温泉介绍

　　这里使用的是汤田川一号泉，属于石膏芒硝泉，温泉成分含量达 1287 毫克，泉水透明，无味无臭。石膏泉具有镇静作用，芒硝泉则具有温暖身体和治疗便秘的功效。这里的温泉成分几乎都保留在了温泉中，是浓度很高的温泉。硫酸盐泉大多透明，无味无色，而这里的温泉却有颜色，非常罕见。芒硝也是市面上贩卖的入浴剂的主要成分，对身体有益。

福岛屋

地址： 山形县米泽市大泽 15
电话： 0238-34-2250
主页： http://www.namegawa-fukushimaya.com
客房数： 共 25 间
费用： 10518 日元（约合人民币 650 元）起
信用卡： 不可用
办理入住时间： 14：00
办理退房时间： 11：00
露天风吕： 有　**贷切风吕：** 有（1 个露天温泉）
只泡温泉（不住宿）： 可以
温泉水温： 53℃
开业时间： 宝历十三年（1763 年）
交通： JR 峠站乘旅店接送车 10 分钟（该服务仅限住宿者）
自驾： 东北高速公路福岛饭坂出口 49 分钟
飞机： 山形机场乘出租车 1 小时 53 分钟

郡司勇的温泉介绍

　　室内温泉使用的是上游的汤源泉，温度为 53.6℃，属于含硫黄成分的石膏重曹泉，温泉成分含量为 1232 毫克，硫黄的效果明显。水中虽仅含有 7 毫克的硫化氢，但却呈现出淡白浊色，并且有鸡蛋味和烧焦的硫黄味道。露天风吕中使用的是和室内大致同类的温泉，水温为 51.2℃，温泉成分含量为 1249 毫克。白浊程度不如室内温泉，能见度约为 50 厘米。

福岛·会津东山温泉

向泷

地址：福岛县会津若松市东山町汤本川向 200
电话：0242-27-7501
主页：http://www.mukaitaki.com
客房数：共 24 间
费用：工作日 17430 日元（约合人民币 1070 元）起；节假日前一天 19590 日元（约合人民币 1200 元）起
信用卡：VISA、JCB、AMEX、SAYON、UC、DC
办理入住时间：15：00
办理退房时间：10：00
露天风吕：无　贷切风吕：有（3 个室内温泉）
只泡温泉（不住宿）：不可以
温泉水温：56.2℃
开业时间：明治六年（1873 年）
交通：JR 会津若松站乘出租车 14 分钟，乘公交车 20 分钟
自驾：磐越高速公路会津若松出口 15 分钟
飞机：福岛机场乘出租车 1 小时 23 分钟

郡司勇的温泉介绍

　　我这次来泡了三个贷切风吕"铃汤""瓢汤"和"莴汤"中的两个。此外，这里还有大浴场"狐汤"和"猿汤"。这里的温泉对肠胃病有一定疗效，还可作为饮泉饮用。虽然是干净清透的泉水，但依然有芒硝泉特有的苦药味和焦味。猿汤的泉水是混合泉，狐汤的泉水则完全使用了自家的源泉。因为含有硫酸钙和氯，温泉的出水口附着了些许白色物质。

宫城·镰先温泉

汤主一条

地址：宫城县白石市福冈藏本字镰先 1-48
电话：0224-26-2151
主页：http://www.ichijoh.co.jp
客房数：共 24 间
费用：工作日 16350 日元（约合人民币 1000 元）起；节假日前一天 21750 日元（约合人民币 1300 元）起
信用卡：VISA、JCB、Master、AMEX、Diners、SAISON
办理入住时间：15：00
办理退房时间：11：00
露天风吕：有　贷切风吕：有（1 个室内温泉）
只泡温泉（不住宿）：不可以
温泉水温：38℃
开业时间：明治二十四年（1891 年）
交通：JR 白石站乘出租车 14 分钟，乘公交车（节假日不运行）20 分钟
自驾：东北高速公路白石出口 15 分钟
飞机：仙台机场乘出租车 58 分钟

郡司勇的温泉介绍

　　这里有两个源泉，分别是让人感受到六百年历史的古老温泉"药汤"和泡过后肌肤光滑柔软的"洞窟汤"。来自镰先的源泉水含 2.1 克温泉成分，水温只有 32℃，需要经过加温使用，有微微的涩味，稍稍有一些浑浊。露天浴场中使用的是洞窟汤的温泉水，从旅馆旁边的洞窟中涌出，只有 20℃的低温，温泉成分含量为 0.6 克，可以令肌肤光滑滋润。

长寿馆

地址：群马县利根郡水上町永井 650
电话：0278-66-0005
主页：http://www.houshi-onsen.jp
客房数：共 33 间
费用：工作日 16350 日元（约合人民币 1000 元）起；
节假日前一天 17430 日元（约合人民币 1070 元）起
信用卡：VISA、JCB、Master、DC
办理入住时间：15：00
办理退房时间：10：30
露天风吕：有　贷切风吕：无
只泡温泉（不住宿）：可以（星期三休息，其他休息
时间不定，请与旅馆确认）
温泉水温：约 41℃
开业时间：明治八年（1875 年）
交通：JR 上毛高原站乘出租车 40 分钟，换乘公交车
1 小时
自驾：关东高速公路月夜野出口 44 分钟
飞机：羽田机场乘出租车 2 小时 50 分钟

郡司勇的温泉介绍

这里使用的是更衣室地底的温泉，为 42.7℃ 的芒硝石膏泉，温泉成分达 1250 毫克，非常清澈。温泉水不仅从足底的沙粒间涌出，还会从上面浇下来。温泉是足底自喷，在水量很大的地方能看到很多气泡涌出，水多到溢出池子。如果正好待在出水的地方，那种感觉别提多舒爽了。因为温度正合适，长时间泡也不会感觉不适。

YEBISU 屋

地址：栃木县那须盐原市汤本盐原 153
电话：0287-32-3221
主页：http://ebisuya3.sakura.ne.jp/
客房数：共 12 间
费用：工作日 8550 日元（约合人民币 520 元）起；
节假日前一天 9600 日元（约合人民币 590 元）起
信用卡：不可用
办理入住时间：15：00
办理退房时间：10：00
露天风吕：无　贷切风吕：无
只泡温泉（不住宿）：可以
温泉水温：52℃、39℃
开业时间：明治四十年（1907 年）
交通：JR 那须盐原站乘公交车 45 分钟，再乘出租车
15 分钟
自驾：东北高速公路西那须野盐原出口 35 分钟
飞机：福岛机场乘出租车 1 小时 32 分钟

郡司勇的温泉介绍

这里有温度较低的梶原源泉和温度较高的弘法源泉。弘法源泉水温达 52.1℃，颜色白浊，有盐味和淡淡的碳酸味。水中含 17.8 毫克的硫氰根、40.3 毫克的硫化氢以及 498.7 毫克的二氧化碳，并且硫黄成分含量也较高，属于含硫黄成分的重曹食盐泉。据记载，梶原的温泉水是盐原这一带最古老的温泉，颜色为浅白浊色，温度只有 39.7℃，有一种碳酸和鸡蛋混合在一起的味道，硫黄臭味较弱。每千克温泉水中含 7.8 毫克的硫氰根、27.9 毫克的硫化氢以及 635 毫克的二氧化碳成分。

栃木·那须温泉

大丸温泉旅馆

地址：栃木县那须郡那须町汤本 269
电话：0287-76-3050
主页：http://www.omaru.co.jp
客房数：共 20 间
费用：工作日 18360 日元（约合人民币 1120 元）起；
节假日前一天 20520 日元（约合人民币 1260 元）起；
需额外支付 150 日元（约合人民币 9 元）入汤税
信用卡：VISA、JCB、Master、AMEX
办理入住时间：14：00
办理退房时间：10：00
露天风吕：有 贷切风吕：有（1 个室内温泉）
只泡温泉（不住宿）：可以
温泉水温：38℃ ~78℃
开业时间：安政时代
交通：JR 那须盐原站乘出租车 40 分钟，乘公交车 1
小时
自驾：东北高速公路那须出口 30 分钟
飞机：福岛机场乘出租车 1 小时 8 分钟

郡司勇的温泉介绍

这里是日本全国屈指可数的水量丰沛的温泉地。78.6℃的高温温泉中含 897 毫克的温泉成分，泉水清澈见底。虽然是单纯泉，但它属于芒硝石膏类，透明、无臭无味。像溪流一样流淌的温泉非常壮观。浴池池底涌出的高温泉水和上部流下来的泉水混合后，形成适中的温度。所含温泉成分将近 900 毫克，浓度很高，如果按一般家庭的浴缸计算的话，相当于放了七包 25 克的温泉入浴剂。

群马·伊香保温泉

横手馆

地址：群马县涩川市伊香保町伊香保 11
电话：0279-72-3244
主页：http://www.yokotekan.com
客房数：共 40 间
费用：工作日 12030 日元（约合人民币 740 元）起；
节假日前一天 16890 日元（约合人民币 1040 元）起
信用卡：VISA、JCB、Master、AMEX、Diners
办理入住时间：15：00
办理退房时间：10：00
露天风吕：无 贷切风吕：有（3 个室内温泉）
只泡温泉（不住宿）：可以（工作日基本对外开放）
温泉水温：40℃ ~43℃（根据季节水温会有变化）
开业时间：宝永年间（1710 年—1720 年）
交通：JR 涩川站乘出租车 20 分钟，乘公交车 30 分钟
自驾：关越高速公路涩川伊香保出口 21 分钟
飞机：羽田机场乘出租车 2 小时 12 分钟

郡司勇的温泉介绍

这里的温泉是伊香保特有的红色泉水。我来这里的时候，因为泉水过于新鲜，还没有经过足够的氧化，并没有变成红色，而是呈现出绿褐色。这里的温泉属于含盐分和重曹成分的硫酸盐泉，富含铁粉，泉水呈红色，还能闻到铁锈味和金属的味道。源泉水温为 40.9℃，每分钟涌出 3300 升。旅馆中有面积较大的室内温泉"月光汤"、小巧的"折鹤汤"和三个可供全家人使用的家族风吕。

群马·草津温泉

草津旅馆

地址：群马县吾妻郡草津町 479
电话：0279-88-5011
主页：http://www.kusatsuhotel.com/hotel/
客房数：共 44 间
费用：工作日 14190 日元（约合人民币 870 元）起；
节假日前一天 17430 日元（约合人民币 1070 元）起
信用卡：VISA、JCB、Master、AMEX、DC、Diners
办理入住时间：14：00
办理退房时间：10：00
露天风吕：有　贷切风吕：有（2 个室内温泉）
只泡温泉（不住宿）：可以
温泉水温：51℃
开业时间：大正二年（1913 年）
交通：JR 长野原草津口站乘坐前往草津温泉的公交车 25 分钟，在终点草津公交车总站下车（旅馆可派车迎接，但需提前告知到达时间）
自驾：关越高速公路涩川伊香保出口 1 小时 20 分钟

郡司勇的温泉介绍

　　草津温泉是自喷涌出量日本第一的温泉，拥有万代矿、汤畑、白旗和西河原等源泉。草津旅馆在温泉的上游，使用的是西河原琥珀池的温泉水，水温为 49.5℃，pH 为 2.2，温泉成分含量达 2010 毫克，其中包括 10 毫克的氢离子、5.7 毫克的硫酸以及 4.7 毫克的硫化氢。泉水透明，有强酸味，能充分感受到硫黄成分的存在，是优质的酸性泉。

群马·雾积温泉

金汤馆

地址：群马县安中市松井田町坂本 1928
电话：0273-95-3851
主页：http://www.kirizumikintokan.com/
客房数：共 20 间
费用：10734 日元（约合人民币 660 元）起
信用卡：不可用
办理入住时间：13：00
办理退房时间：11：00
露天风吕：无
贷切风吕：无
只泡温泉（不住宿）：可以
温泉水温：40℃
开业时间：明治十七年（1884 年）
交通：JR 横川站乘出租车 30 分钟
自驾：上信越高速公路松井妙义出口 30 分钟
飞机：信州松本机场乘出租车 2 小时 15 分钟

郡司勇的温泉介绍

　　这里的温泉为水温 39℃的石膏泉，水中成分含量达 1822 毫克，每分钟涌出 300 升。据我观察，温泉水透明清亮，有微微的苦涩味，还能闻到淡淡的鸡蛋味和硫黄的臭味。泡进去以后，肌肤上会附着一些气泡，掸掉之后很快又会出现，很难用照片呈现给读者。小巧的室内温泉水量充足，属于钠成分和硫酸盐含量占比超 90% 的纯石膏泉。

别邸仙寿庵

地址：群马县利根郡水上町谷川 614
电话：0278-20-4141
主页：http://www.senjyuan.jp
客房数：共 18 间
费用：工作日 39138 日元（约合人民币 2400 元）起；
节假日前一天 47778 日元（约合人民币 2900 元）起
信用卡：VISA、JCB、Master、AMEX、UC、DC
办理入住时间：13：00
办理退房时间：11：00
露天风吕：有　贷切风吕：无
只泡温泉（不住宿）：不可以
温泉水温：47℃
开业时间：平成九年（1997 年）
交通：JR 水上站乘出租车 10 分钟
自驾：关越高速公路水上出口 10 分钟
飞机：羽田机场乘出租车 2 小时 35 分钟

郡司勇的温泉介绍

　　这里的温泉是优质的碱性单纯泉，提供源源不断的活水。尽管每个房间都带露天温泉，但也另设有室内温泉和露天风吕，并根据谷川岳分别命名为"一藏"和"仙藏"。碱性单纯温泉有极佳的疗养功效，几乎适合全部人群，泉水水质温和，刺激性小。此外，以疗养温泉而闻名的鹿教汤温泉、畑毛温泉和下吕温泉等也都属于碱性单纯温泉。

千明仁泉亭

地址：群马县涩川市伊香保町伊香保 45
电话：0279-72-3355
主页：http://www.jinsentei.com
客房数：共 34 间
费用：工作日 17430 日元（约合人民币 1070 元）起；
节假日前一天 23910 日元（约合人民币 1400 元）起
信用卡：VISA、JCB、Master、AMEX、Diners
办理入住时间：15：00
办理退房时间：10：00
露天风吕：有　贷切风吕：无
只泡温泉（不住宿）：不可以
温泉水温：40℃~45℃
开业时间：文龟二年（1502 年）
交通：JR 涩川站乘出租车 20 分钟，乘公交车 25 分钟
自驾：关越高速公路涩川伊香保出口 22 分钟
飞机：羽田机场乘出租车 2 小时 38 分钟

郡司勇的温泉介绍

　　伊香保温泉属于食盐重碳酸土类石膏泉，所含的温泉成分稍微超过单纯泉，达 1280 毫克。泉质属于含盐分和重曹成分的硫酸盐泉，水中含有铁粉，泉水呈红色。源泉水温为 40.9℃，每分钟涌出 3300 升，泉水呈淡褐色，有涩味，并能闻到一股淡淡的金属臭味和药味。从泉水总量来看，伊香保温泉具有极强的存在感。这里并非只有石膏泉，还拥有其他各种类型的温泉。

群马·泽渡温泉
丸本旅馆

地址：群马县吾妻郡中之条町上泽渡甲 2301
电话：0279-66-2011
主页：http://www.sawatari.jp
客房数：共 15 间
费用：工作日 8640 日元（约合人民币 530 元）起；节假日前一天 10800 日元（约合人民币 660 元）起；需额外支付 150 日元（约合人民币 9 元）入汤税
信用卡：不可用
办理入住时间：14：00
办理退房时间：10：00
露天风吕：有 **贷切风吕：**有（1 个露天温泉，3 个室内温泉）
只泡温泉（不住宿）：可以（旺季不可以）
温泉水温：56℃
开业时间：江户时代
交通：JR 中之条站乘出租车 15 分钟，乘公交车 25 分钟
自驾：关越高速公路涩川伊番保出口 35 分钟
飞机：羽田机场乘出租车 2 小时 42 分钟

郡司勇的温泉介绍

这里的温泉属于食盐石膏泉，温泉成分含量为 1120 毫克，和公共浴池属于同种类型的温泉。泉水透明，有鸡蛋的味道，并有些许苦味。因为是含盐分的石膏泉，泉水能让身体由内而外发热，并且具有镇静效果，对外伤、皮肤病和肠胃病都有一定的疗效。人们喜欢在泡完草津温泉之后再来这里泡一泡，舒缓一下肌肤。强酸性的草津温泉虽然能够起到疗养的作用，但也会导致肌肤变得粗糙，而这里的温泉能起到恢复肌肤滋润光泽的效果，具有很好的美肤功效。

群马·四万温泉
积善馆

地址：群马县吾妻郡中之条町大字四万 4236
电话：0279-64-2101
主页：http://www.sekizenkan.co.jp
客房数：共 50 间
费用：工作日 7020 日元（约合人民币 430 元）起；节假日前一天 10080 日元（约合人民币 620 元）起
信用卡：VISA、JCB、Master、AMEX
办理入住时间：14：00
办理退房时间：10：00
露天风吕：有 **贷切风吕：**有（2 个室内温泉）
只泡温泉（不住宿）：可以
温泉水温：70℃
开业时间：元禄七年（1694 年）
交通：JR 中之条站乘出租车 20 分钟，乘公交车 40 分钟
自驾：关越高速公路伊香保出口 1 小时
飞机：羽田机场乘出租车 3 小时

郡司勇的温泉介绍

这里的温泉属于食盐泉类，是含芒硝成分的石膏食盐泉，含负离子的食盐成分较多，而深处的日向见地区则属于硫酸盐泉。据分析表显示，温泉成分达 2110 毫克，水温分别为 73.2℃和 62.9℃。山庄中有两个可供全家人一起泡温泉的小型家族风吕，每个里面各有两个浴池。温泉水透明，有淡盐味，并能闻到石膏的味道，被指定为日本三大治疗肠胃病的名汤之一。此外，饮泉的泉水对肠胃也很好。

神奈川·塔之泽温泉

环翠楼

地址: 神奈川县足柄下郡箱根町塔之泽 88
电话: 0460-85-5511
主页: http://www.kansuiro.co.jp
客房数: 共 23 间
费用: 工作日 19440 日元（约合人民币 1200 元）起；
节假日前一天 21600 日元（约合人民币 1300 元）起；
需额外支付 150 日元（约合人民币 9 元）入汤税
信用卡: VISA、Master（信用卡只可用于支付住宿费）
办理入住时间: 15：00
办理退房时间: 10：00
露天风吕: 有　贷切风吕: 有（2 个露天温泉，1 个
室内温泉）
只泡温泉（不住宿）: 不可以
温泉水温: 48.2℃
开业时间: 庆长十九年（1614 年）
交通: 箱根登山铁道铁道线箱根汤本站乘出租车 2
分钟，乘公交车 3 分钟
自驾: 小田原厚木道路小田原西出口 8 分钟
飞机: 羽田机场乘出租车 1 小时 9 分钟

郡司勇的温泉介绍

　　这里使用的温泉是汤本 37 泉，属于单纯泉，水温为 66℃，含 768 毫克的温泉成分。泉水清澈柔和、透明、无味无臭。旅馆中所有的温泉都源源不断地提供新鲜的活水。室内温泉的墙壁上贴着马赛克瓷砖，看起来很怀旧，热衷复古风格的我尤其钟爱这里。这里的温泉刺激性小，即使每天来泡，也不会觉得厌烦。

神奈川·塔之泽温泉

福住楼

地址: 神奈川县足柄下郡箱根町塔之泽 74
电话: 0460-85-5301
主页: http://www.fukuzumi-ro.com
客房数: 共 17 间
费用: 19000 日元（约合人民币 1170 元）起
信用卡: VISA、Master、SAISON
办理入住时间: 15：00
办理退房时间: 10：00
露天风吕: 无　贷切风吕: 有（1 个室内温泉）
只泡温泉（不住宿）: 不可以
温泉水温: 62.9℃（水温会因季节不同而发生变化）
开业时间: 明治二十三年（1890 年）（1910 年在现
址重新开业）
交通: 箱根登山铁道铁道线箱根汤本站乘出租车 2
分钟，乘公交车 3 分钟
自驾: 小田原厚木道路小田原西出口 8 分钟
飞机: 羽田机场乘出租车 1 小时 19 分钟

郡司勇的温泉介绍

　　这里的泉水是 62.9℃的碱性单纯泉，温泉成分总计达 721 毫克，泉水透明、无味无臭。虽然单纯泉会令人发热，但我在这里泡完后并没有立刻出很多汗。大丸风吕里面是木质的圆形浴池，镶了铜边，直径达 2 米，能同时容纳三四个人。旁边还有一个小丸风吕，浴池镶了一圈黄铜边。此外还有用石头组成的岩风吕。

三河屋旅馆

地址：神奈川县足柄下郡箱根小涌谷 503
电话：0460-82-2231
主页：http://www.hakone-mikawaya.com
客房数：共 35 间
费用：工作日 20130 日元（约合人民币 1230 元）起；
节假日前一天 23370 日元（约合人民币 1430 元）起
信用卡：VISA、JCB、Master、AMEX、UC、DC、
NICOS、Diners、SAISON
办理入住时间：15:00
办理退房时间：10:00
露天风吕：有　贷切风吕：有（3 个室内温泉）
只泡温泉（不住宿）：不可以
温泉水温：49.5℃
开业时间：明治十六年（1883 年）
交通：箱根登山铁道铁道线小涌谷站乘出租车 3 分
钟，乘公交车 6 分钟
自驾：小田原厚木道路箱根口出口 30 分钟
飞机：羽田机场乘出租车 2 小时

郡司勇的温泉介绍

整个建筑有些古老。明治风吕的天花板很高，浴池贴着瓷砖，温度偏高的温泉水源源不断地涌出，能够让人放松地泡在里面。这里的温泉属于透明的单纯温泉类型，是弱碱性的低张性高温（53.8℃）温泉，有缓解压力、治疗神经痛、消除疲劳、促进健康等功效。这里的温泉并非人工泉或混合泉，使用的是旅馆自家的源泉水。即便是在箱根，位于高地的源泉因为水量较少，往往会以气体的形式喷发，而这里自古以来就使用当地传统的温泉，非常难能可贵。

花屋

地址：长野县上田市别所温泉 169
电话：0268-38-3131
主页：http://hanaya.naganoken.jp
客房数：共 42 间
费用：工作日 8360 日元（约合人民币 505 元）起；
节假日前一天 9440 日元（约合人民币 570 元）起
信用卡：VISA、JCB、Master、AMEX、NICOS、
Diners
办理入住时间：15:00
办理退房时间：11:00
露天风吕：有　贷切风吕：无
只泡温泉（不住宿）：不可以
温泉水温：50.2℃
开业时间：大正六年（1917 年）
交通：上田电铁别所线别所温泉站乘出租车 1 分钟
自驾：上信越高速公路上田菅平出口约 30 分钟
飞机：松本机场乘出租车 1 小时 17 分钟

郡司勇的温泉介绍

虽然这里的室内温泉是在浴池内循环使用的，但经常会添加新鲜的温泉水。这里的温泉属于单纯硫黄泉，泉水透明，有鸡蛋味道和硫黄的臭味，硫氰根含量为 12.4 毫克，温泉触感很滑，温度为 50.9℃，pH 为 8.8，对慢性消化器官疾病、痔疮具有一定的疗效，此外还能消除疲劳、缓解神经痛。这里也有可以饮用的饮泉，据说对糖尿病、痛风和便秘患者有益。

長野·白骨温泉

汤元斋藤别馆

地址：长野县松本市安云白骨温泉 4200
电话：0263-93-2244
主页：http://www.saito-bekkan.com
客房数：共 11 间
费用：16350 日元（约合人民币 1000 元）起
信用卡：不可用
办理入住时间：15：00
办理退房时间：10：00
露天风吕：可使用斋藤本馆和煤香庵的风吕
贷切风吕：有（1 个室内温泉）
只泡温泉（不住宿）：不可以
温泉水温：45℃
开业时间：昭和八年（1933 年）
交通：ALPICO 交通上高地线新岛岛站乘出租车 40 分钟，乘公交车 45 分钟
自驾：长野高速公路松本出口约 1 小时
飞机：信州松本机场乘出租车 1 小时 10 分钟

郡司勇的温泉介绍

这里使用了从斋藤旅馆本馆玄关前的汤元 1 号源泉引流过来的温泉，属于含硫黄、钠、镁成分的碳酸氢盐温泉，温泉成分总计 1849 毫克，水温为 44.1℃，碳酸含量也达到了 478 毫克。浴池不大，一泡进去水就会"哗啦"一下子溢出来，酣畅淋漓。这里的温泉是淡淡的白浊色，有酸味和盐味，能闻到硫黄的臭味。

長野·野泽温泉

旅馆清风馆

地址：长野县下高井郡野泽温泉村丰乡 8670-1
电话：0269-85-2025
主页：http://www.seifukan.com
客房数：共 7 间
费用：工作日 9720 日元（约合人民币 600 元）起；节假日前一天 11880 日元（约合人民币 730 元）起
信用卡：不可用
办理入住时间：15：00
办理退房时间：10：00
露天风吕：无 贷切风吕：无
只泡温泉（不住宿）：不可以
温泉水温：70.8℃
开业时间：昭和二十年（1945 年）
交通：JR 饭山线户狩野泽温泉站乘出租车 12 分钟，乘公交车 15 分钟
自驾：上信越高速公路丰田饭山出口 30 分钟
飞机：信州松本机场乘出租车 1 小时 40 分钟

郡司勇的温泉介绍

我来这里时是泡温泉的最佳季节，整池的温泉水碧绿透明，令人难以忘怀。这里的温泉在整个野泽温泉都很特别，不是白浊色，而是呈现出碧绿色。我来到清风馆，才真正亲眼看到了这种由黄绿色到透明绿色的含硫化氢温泉。常磐屋和 SAKAYA 里硫化氢含量较多的温泉则没有那么绿，而是带一些白浊的颜色。据温泉水质分析表显示，这个温泉里的水之所以呈现出带有透明感的绿色，是因为水中只含有 0.2 毫克的硫化氢。

长野·信州汤田中温泉

万津屋

地址： 长野县下高井郡山内町平稳 3137
电话： 0269-33-2111
主页： http://yudanaka-yoroduya.com
客房数： 共 12 间
费用： 工作日 22650 日元（约合人民币 1400 元）起；
节假日前一天 25650 日元（约合人民币 1600 元）起
信用卡： VISA、JCB、Master、AMEX、NICOS、Diners
办理入住时间： 15：00
办理退房时间： 11：00
露天风吕： 有　**贷切风吕：** 有（1 个室内温泉）
只泡温泉（不住宿）： 可以（需预约）
温泉水温： 93℃
开业时间： 宽政年间
交通： 长野电铁长野线汤田中站乘出租车 3 分钟
自驾： 上信越高速公路信州中野出口 15 分钟
飞机： 信州松本机场乘出租车 1 小时 22 分钟

郡司勇的温泉介绍

　　这里的温泉是优质的芒硝食盐泉，温泉成分总计 1271 毫克，水温为 60.1℃，并且有一个温度高达 94℃的源泉，用于蒸汽温泉。这里的泉水透明、无味无臭，和重曹泉的触感截然相反，十分爽滑。源泉的水温过高，使用前会用清澈干净的井水降温。桃山风吕前仿佛庭园一般的露天风吕风景绝佳。

长野·仙仁温泉

岩汤

地址： 长野县须坂市仁礼町 3159
电话： 026-245-2453
主页： 无
客房数： 共 18 间
费用： 工作日 28180 日元（约合人民币 1720 元）起；
节假日前一天 30340 日元（约合人民币 1850 元）起
信用卡： VISA、JCB、Master、AMEX
办理入住时间： 14：00
办理退房时间： 12：00
露天风吕： 有　**贷切风吕：** 有（3 个露天温泉，5 个室内温泉）
只泡温泉（不住宿）： 不可以
温泉水温： 34.2℃
开业时间： 昭和三十四年（1959 年）
交通： 长野电铁长野线须坂站乘出租车 17 分钟
自驾： 上信越高速公路须坂长野东出口 15 分钟
飞机： 信州松本机场乘出租车 1 小时

郡司勇的温泉介绍

　　从天然岩石的洞窟深处涌出的温泉是大自然赐予的宝物，像瀑布一样涌出的泉水有时会形成深潭，在最里面能明显感受到温泉从足底或岩石的缝隙中涌出。虽然这里的温泉水只有 34.2℃，但因为在洞窟里面，有桑拿效果，完全不会觉得凉。整体来说，这里的温泉水质缺少一些个性，但这样的洞窟温泉实属难得，希望能好好地保存下去。

长野·涩温泉

金具屋

地址： 长野县下高井郡山内町平稳 2202
电话： 0269-33-3131
主页： http://www.kanaguya.com
客房数： 共 28 间
费用： 工作日 17430 日元（约合人民币 1070 元）起；
节假日前一天 19590 日元（约合人民币 1200 元）起
信用卡： VISA、JCB、AMEX、DC
办理入住时间： 15：00
办理退房时间： 10：00
露天风吕： 有　**贷切风吕：** 有（5 个室内温泉）
只泡温泉（不住宿）： 不可以
温泉水温： 98℃
开业时间： 宝历八年（1758 年）
交通： 长野电铁长野汤田中站乘出租车 7 分钟，乘
公交车 10 分钟
自驾： 上信越高速公路信州中野出口 19 分钟
飞机： 信州松本机场乘出租车 1 小时 23 分钟

郡司勇的温泉介绍

金具屋有三个源泉，每个源泉的地底深度和地点都不同。露天风吕、美妙汤和子安汤的温泉呈弱碱性，无色透明，含有微量的硫黄成分；浪漫风吕的温泉呈黄色，有些浑浊，铁粉含量较高；镰仓风吕为弱酸性温泉，泉水透明。来这里可以享受到三种类型的温泉，非常划算。当地还有很多对外开放的公共浴池，如果有机会的话不妨都泡泡。

长野·上诹访温泉

片仓馆

地址： 长野县诹访市湖岸通 4-1-9
电话： 0266-52-0604
主页： http://www.katakurakan.or.jp/index.php
客房数： 不提供住宿
费用： 成人 650 日元（约合人民币 40 元）；儿童 450
日元（约合人民币 28 元）
信用卡： 不可用
营业时间： 10：00—21：00（20：30 停止入场）
露天风吕： 无　**贷切风吕：** 无
只泡温泉（不住宿）： 可以
温泉水温： 64.5℃
开业时间： 昭和三年（1928 年）
交通： JR 中央本线上诹访站乘出租车 3 分钟
自驾： 中央高速公路诹访出口 14 分钟
飞机： 信州松本机场乘出租车 41 分钟

郡司勇的温泉介绍

片仓馆因千人风吕而远近闻名。这个浴池长 7.5 米、深 1.1 米、宽 4 米，底部铺着小圆石，泡温泉的时候还能顺便来个足底按摩。温泉属于单纯温泉，透明、无色无臭，虽然缺少一些个性，但巨大的浴池和装修风格为整个浴室加分不少。这里的温泉由当地统一管理。来到上诹访这一带的话，不妨把附近的公共浴池都转一转。

新潟·越后松之山温泉

凌云阁

地址：新潟县十日町市松之山天水越 81

电话：025-596-2100

主页：http://www.ryounkaku.com

客房数：共 17 间

费用：工作日 14140 日元（约合人民币 870 元）起；
节假日前一天 16300 日元（约合人民币 1000 元）起

信用卡：不可用

办理入住时间：15：00

办理退房时间：10：00

露天风吕：无　贷切风吕：有（1 个室内温泉）

只泡温泉（不住宿）：可以

温泉水温：87℃

开业时间：昭和十三年（1938 年）

交通：北越急行 HOKUHOKU 线松代站乘出租车 22
分钟

自驾：关越高速公路盐泽石打出口 55 分钟

飞机：信州松本机场乘出租车 2 小时 29 分钟

郡司勇的温泉介绍

松之山的温泉属于浓度很高的食盐泉，有的地方甚至有 90℃以上的源泉。这里雪量极其丰富，高浓度的食盐泉能驱走严寒，为人们带来温暖。温泉分三个部分：一个是旅馆集中的鹰汤，一个是离得稍远的兔门温泉，还有一个是水温高达 84℃的镜汤。凌云阁位于镜汤，温泉成分含量高达 15.6 克，臭味很重，盐味也很重，比味增汤还咸。

静冈·伊豆长冈温泉

三养庄

地址：静冈县伊豆之国市墹之上 270

电话：055-947-1111

主页：http://www.princehotels.co.jp/sanyou-so/

客房数：共 36 间

费用：工作日 22674 日元（约合人民币 1390 元）起；
节假日前一天 25050 日元（约合人民币 1530 元）起；
需额外支付 150 日元（约合人民币 9 元）入汤税

信用卡：VISA、JCB、Master、AMEX

办理入住时间：15：00

办理退房时间：11：00

露天风吕：有　贷切风吕：无

只泡温泉（不住宿）：可以

温泉水温：62.3℃

开业时间：昭和二十二年（1947 年）

交通：伊豆箱根铁道骏豆线伊豆长冈站乘出租车 5
分钟，乘免费送迎车 5 分钟

自驾：伊豆中央道长冈北出口 5 分钟

飞机：富士山静冈机场乘出租车 1 小时 41 分钟

郡司勇的温泉介绍

这里的温泉属于碱性单纯泉，温泉成分含量达 600 毫克，是比较温和的温泉。泉水不会对肌肤造成刺激，所以被称作"美肌汤"。自古以来，就有很多这种水质的温泉疗养地。这里的温泉无味无臭，可以饮用，有缓解神经痛和手脚冰冷症状的功效。在伊豆长冈温泉附近，还有驹汤源泉庄和畑毛温泉等著名的低温疗养温泉。

静冈·修善寺温泉

新井旅馆

地址： 静冈县伊豆市修善寺 970
电话： 0558-72-2007
主页： http://arairyokan.net
客房数： 共 25 间
费用： 工作日 24990 日元（约合人民币 1530 元）起；
节假日前一天 28230 日元（约合人民币 1730 元）起
信用卡： VISA、JCB、Master、AMEX、Diners
办理入住时间： 15：00
办理退房时间： 11：00
露天风吕： 有　**贷切风吕：** 有（2 个室内温泉）
只泡温泉（不住宿）： 不可以（可以泡温泉＋午餐＋
休息）
温泉水温： 61.2℃
开业时间： 明治五年（1872 年）
交通： 伊豆箱根铁道骏豆线修善寺站乘出租车 7 分
钟，乘公交车 10 分钟
自驾： 修善寺道路修善寺出口 5 分钟
飞机： 富士山静冈机场乘出租车 1 小时 49 分钟

郡司勇的温泉介绍

　　天平风吕被指定为文化遗产，在里面泡温泉的时候仿佛置身寺庙的大殿。这里的温泉属于碱性单纯温泉，透明无味。新井旅馆拥有自家的源泉，位于琵琶湖风吕旁边。但可惜的是，泉水并没有直接提供给旅馆，而是被统一引流进行集中管理了，如果能直接为客人提供最新鲜的温泉水就更好了。总体来说，这家旅馆的温泉水也算新鲜优质，会闻到一股淡淡的硫黄臭味，这个味道在修善寺的其他温泉是闻不到的。

静冈·热海温泉

ATAMI 海峰楼

地址： 静冈县热海市春日町 8-33
电话： 0557-86-5050
主页： http://www.atamikaihourou.jp
客房数： 共 4 间
费用： 工作日 29160 日元（约合人民币 1790 元）起；
节假日前一天 34560 日元（约合人民币 2110 元）起；
需额外支付 150 日元（约合人民币 9 元）入汤税
信用卡： VISA、JCB、Master、AMEX
办理入住时间： 15：00
办理退房时间： 11：00
露天风吕： 有　**贷切风吕：** 有（1 个半露天温泉）
只泡温泉（不住宿）： 不可以
温泉水温： 48.2℃
开业时间： 平成二十二年（2010 年）
交通： JR 东海道本线热海站乘出租车 6 分钟
自驾： 真鹤道路福浦出口 18 分钟
飞机： 富士山静冈机场乘出租车 1 小时 56 分钟

郡司勇的温泉介绍

　　热海的温泉是从车站附近或伊豆山一带涌出的较浓的食盐泉，含量高达 15 克 ~20 克，ATAMI 海峰楼使用的正是这种高浓度的温泉。水中含有钙、钠、盐化物成分，温泉又咸又苦，加上是强食盐泉，所以必须兑水使用。这里的温泉只能包场使用，虽然四个房间里提供的并不是温泉水，但已经算是在贷切温泉里能充分享受到的优质温泉了。

静冈·河津温泉

玉峰馆

地址：静冈县贺茂郡河津町峰 440
电话：0558-34-2041
主页：http://www.gyokuhokan.jp
客房数：共 16 间
费用：工作日 25000 日元（约合人民币 1530 元）起；
节假日前一天 29000 日元（约合人民币 1780 元）起；
需额外支付 150 日元（约合人民币 9 元）入汤税
信用卡：VISA、JCB、Master、AMEX、UC、DC、
Diners
办理入住时间：15：00
办理退房时间：11：00
露天风吕：有　贷切风吕：有（3 个露天温泉）
只泡温泉（不住宿）：不可以
温泉水温：65.2℃ ~94.6℃
开业时间：大正十五年（1926 年）
交通：伊豆急行线河津站乘出租车 5 分钟（旅馆提
供接送服务）
自驾：修善寺道路修善寺出口 55 分钟
飞机：富士山静冈机场乘出租车 2 小时 43 分钟

郡司勇的温泉介绍

　　河津温泉是水量充沛的高温温泉。玉峰馆旁边的温泉塔中喷涌出将近 100℃的温泉，袅袅升起的雾气很有看点。每分钟 600 升的喷涌量堪称日本第一。温泉水属于钠盐化物泉，包括带露天风吕的客房河大浴场在内的十三处风吕，提供的都是百分之百源泉的活水。

静冈·伊豆下田河内温泉

金谷旅馆

地址：静冈县下田市河内 114-2
电话：0558-22-0325
主页：http://kanaya.la.coocan.jp
客房数：共 11 间
费用：工作日 16350 日元（约合人民币 1000 元）起；
节假日前一天 19590 日元（约合人民币 1200 元）起
信用卡：VISA、JCB、Master
办理入住时间：14：00
办理退房时间：10：00
露天风吕：有　贷切风吕：有（2 个室内温泉）
只泡温泉（不住宿）：可以
温泉水温：48.3℃
开业时间：庆应三年（1867 年）
交通：伊豆急行线莲台寺站徒步 4 分钟
自驾：修善寺道路修善寺出口 1 小时 10 分钟
飞机：富士山静冈机场乘出租车 2 小时 50 分钟

郡司勇的温泉介绍

　　这里的温泉属于弱碱性单纯泉，旅馆拥有两处源泉，48.3℃的源泉内温泉成分含量为 361 毫克，36℃的源泉内温泉成分含量为 317 毫克。千人风吕长 15 米，宽 5 米，加上淋浴的区域，整个面积有 56 个榻榻米那么大（约等于 93 平方米），不愧是日本第一。里面注入了两种温泉水，温度适宜，但也有一个水温仅 35℃的浴池。温泉水质清澈柔和，水量充足，十分舒适。看着水从池子里不断溢到外面，惬意极了。

岐阜·福地温泉

汤元长座

地址： 岐阜县高山市奥飞驒温泉乡福地 786
电话： 0578-89-0099
主页： http://www.cyouza.com
客房数： 共 27 间
费用： 21750 日元（约合人民币 1330 元）起
信用卡： VISA、Master
办理入住时间： 14：00
办理退房时间： 10：30
露天风吕： 有 **贷切风吕：** 有（3 个露天温泉）
只泡温泉（不住宿）： 不可以
温泉水温： 67.1℃、53.6℃、76.1℃、63.1℃
开业时间： 昭和四十四年（1969 年）
交通： JR 高山本线高山站乘出租车 1 小时，乘公交车 1 小时 10 分钟
自驾： 安房峠道路平汤出口 11 分钟
飞机： 信州松本机场乘出租车 1 小时 29 分钟

郡司勇的温泉介绍

　　汤元长座拥有四个自家源泉，都是高温的盐化钠-碳酸氢盐泉，透明无味，并有一丝甜甜的香气。因为不会给身体或肌肤带来负担，所以男女老少皆宜，对治疗风湿病、神经痛、外伤和消除疲劳有一定的功效。旅馆有三处贷切风吕，几乎是完全一样的装修构造。此外还有木材打造的室内温泉和岩石堆砌而成的露天风吕。

岐阜·福地温泉

孙九郎

地址： 岐阜县高山市奥飞驒温泉乡福地 1005
电话： 0578-89-2231
主页： http://magokuro.com
客房数： 共 30 间
费用： 工作日 16200 日元（约合人民币 1000 元）起；节假日前一天 17280 日元（约合人民币 1050 元）起；需额外支付 150 日元（约合人民币 9 元）入汤税
信用卡： VISA、JCB
办理入住时间： 15：00
办理退房时间： 10：00
露天风吕： 有 **贷切风吕：** 有（1 个露天温泉）
只泡温泉（不住宿）： 不可以
温泉水温： 36℃、67℃、82℃、91℃
开业时间： 昭和四十三年（1968 年）
交通： JR 高山本线高山站乘出租车 59 分钟，乘公交车 1 小时 10 分钟
自驾： 高山清见道路高山出口 58 分钟
飞机： 信州松本机场乘出租车 1 小时 29 分钟

郡司勇的温泉介绍

　　虽然旅馆地处温度较高的福地温泉，但室内温泉依然使用了热交换器，从而确保能大量供应温度适宜的温泉水。这间旅馆最有名的是它的露天风吕，女性专用的露天风吕"白帝汤"是石块堆砌的庭院风格的风吕，池中的泉水呈现出翡翠绿色，极具特色。男性专用露天风吕"帝汤"同样别致舒服，泉水混合了 67℃的重曹泉和 36℃的单纯泉，温泉水呈绿色，不透明，有铁锈味和金属臭味。

和歌山·南纪胜浦温泉

浦岛旅馆

地址：和歌山县东牟娄郡那智胜浦町胜浦 1165-2
电话：0735-52-1011
主页：http://www.hotelurashima.co.jp
客房数：共 749 间
费用：工作日 10950 日元（约合人民币 670 元）起；
节假日前一天 12030 日元（约合人民币 740 元）起
信用卡：VISA、JCB、Master、AMEX
办理入住时间：14：00
办理退房时间：10：00
露天风吕：有　贷切风吕：有（4 个露天温泉）
只泡温泉（不住宿）：可以
温泉水温：53.8℃
开业时间：昭和三十二年（1957 年）
交通：JR 纪伊势本线纪伊胜浦站乘出租车 5 分钟
自驾：纪势高速公路尾鹫北出口 1 小时 30 分钟
飞机：南纪白浜机场乘出租车 2 小时 7 分钟

郡司勇的温泉介绍

　　虽然这里可以享受到好几种温泉，但我最喜欢的还是浜木棉汤。这个温泉拥有食盐硫黄泉类的温泉水特有的黑汤，整池的温泉水呈现出灰色。如果搅动一下池水，池底就会浮起黑色的颗粒状沉淀物，池水会变成灰黑色。等水面平静了，这些沉淀物又会沉下去，泉水再次变浅。室内温泉"矶汤"涌出时会伴随着"扑哧"声，泉水呈白浊色，温泉成分含量达 6240 毫克。山上汤拥有超群的景色，虽然泉水透明清澈，但盐分和硫黄成分含量都很高。

和歌山·汤峰温泉

吾妻屋

地址：和歌山县田边市本宫町汤峰 122
电话：0735-42-0012
主页：http://www.adumaya.co.jp
客房数：共 22 间
费用：16350 日元（约合人民币 1000 元）起；过年期间增加 2000 日元（约合人民币 120 元）的费用
信用卡：VISA、JCB、Master、AMEX、Diners
办理入住时间：13：00
办理退房时间：10：00
露天风吕：有　贷切风吕：有（2 个室内温泉）
只泡温泉（不住宿）：可以
温泉水温：90℃
开业时间：江户时代后期
交通：JR 纪伊势本线新宫站乘出租车 54 分钟，乘公交车 1 小时 19 分钟
自驾：阪和高速公路南纪田边出口 1 小时 26 分钟
飞机：南纪白浜机场乘出租车 1 小时 24 分钟

郡司勇的温泉介绍

　　吾妻屋使用的温泉是温度高达 92.5℃的食盐重曹泉"环汤源泉"，每分钟可涌出 92 升的温泉水。每个大浴场里都有一个巨大的浴池和一个"Samashi 汤"，前者在源泉中兑水，水质透明，有些许苦味，能闻到鸡蛋的味道；后者则使用了上人汤平成 2 号泉的混合泉水，含 1.6 毫克硫氰根、6.1 毫克硫代硫酸根和 1.3 毫克硫化氢，每分钟能涌出 20 升 59℃的温泉水。

兵库·城崎温泉

三木屋

地址： 兵库县丰冈市城崎町汤岛 487
电话： 0796-32-2031
主页： http://www.kinosaki-mikiya.jp
客房数： 共 16 间
费用： 工作日 16200 日元（约合人民币 1000 元）起；
节假日前一天 18360 日元（约合人民币 1100 元）起
信用卡： VISA、JCB、Master、AMEX、Diners
办理入住时间： 15：00
办理退房时间： 11：00
露天风吕： 无　**贷切风吕：** 有（1 个室内温泉）
只泡温泉（不住宿）： 不可以
温泉水温： 37℃ ~83℃
开业时间： 江户时代初期
交通： JR 山阴本线城崎温泉站乘出租车 5 分钟，乘
公交车 8 分钟
自驾： 播但高速公路和田山出口 1 小时
飞机： 鸟取机场乘出租车 1 小时 53 分钟

郡司勇的温泉介绍

　　城崎温泉是由当地集中管理的温泉，混合了 27 号、28 号、29 号和 30 号泉的泉水，温泉成分达 4130 毫克，属于土类食盐泉，水温达 59.1℃。温泉水透明，有咸苦味，并能闻到一股香气，是非常优质的温泉。城崎温泉基本都是食盐温泉，盐味和淡淡的香气是这些温泉的特点。因为当地进行了集中管理，其他公共浴池的水质也都是完全一样的，这令人感到有些遗憾。

冈山·奥津温泉

奥津庄

地址： 冈山县苫田郡镜野町奥津 48
电话： 0868-52-0021
主页： http://okutsuso.com
客房数： 共 8 间
费用： 工作日 19440 日元（约合人民币 1190 元）起；
节假日前一天 21600 日元（约合人民币 1320 元）起
信用卡： 不可用
办理入住时间： 15：00
办理退房时间： 10：00
露天风吕： 无　**贷切风吕：** 有（2 个室内温泉）
只泡温泉（不住宿）： 可以
温泉水温： 42.6℃
开业时间： 昭和二年（1927 年）
交通： JR 姬新线津山站乘出租车 40 分钟，乘公交车 1 小时
自驾： 中国高速公路院庄出口 29 分钟
飞机： 冈山机场乘出租车 1 小时 30 分钟

郡司勇的温泉介绍

　　这里的温泉透明、无味无臭，是优质的碱性单纯泉。源泉水温为 42.6℃，完全不需要加热或者兑水降温，能够保证提供给客人百分之百新鲜的高品质温泉。奥津庄有两个足底自喷涌出温泉，一个是键汤，另一个是立汤，都是非常好的浴室。键汤里的浴池比较大，温泉水从池底的岩石中涌出，溢出池子的水冲刷着浴室的地板。立汤的水深到能没到胸口，泉水的颜色像河流一样，有些泛绿，很吸引人。

鸟取·皆生温泉

东光园

地址： 鸟取县米子市皆生温泉 3-17-7
电话： 0859-34-1111
主页： http://www.toukouen.com
客房数： 共 70 间
费用： 工作日 9250 日元（约合人民币 570 元）起；
节假日前一天 10250 日元（约合人民币 630 元）起
信用卡： VISA、JCB、Master、AMEX
办理入住时间： 15：00
办理退房时间： 10：00
露天风吕： 有　**贷切风吕：** 有（1 个露天温泉，1 个
室内温泉）
只泡温泉（不住宿）： 可以
温泉水温： 70℃
开业时间： 昭和四十二年（1967 年）
交通： JR 山阴本线米子站乘出租车 17 分钟，乘公交
车 23 分钟
自驾： 米子高速公路米子出口 15 分钟
飞机： 米子鬼太郎机场乘出租车 25 分钟

郡司勇的温泉介绍

　　被渔民发现的皆生温泉是山阴
三大名汤之一，是能够促进代谢的
弱食盐泉。东光园还有一个具有美
肤效果的弱碱性泉，来这里可以享
受两种优质温泉的呵护。皆生温泉
的源泉在陆地上，浓度比从海水中
涌出的源泉低一些。

岛根·有福温泉

三阶旅馆

地址： 岛根县江津市有福温泉町 692
电话： 0855-56-2211
主页： http://sangai.jp
客房数： 共 8 间
费用： 工作日 10800 日元（约合人民币 660 元）起；
节假日前一天 21600 日元（约合人民币 1320 元）起
信用卡： 不可用
办理入住时间： 16：00
办理退房时间： 10：00
露天风吕： 有　**贷切风吕：** 有（1 个露天温泉，4 个
半露天温泉，尽量提前预约）
只泡温泉（不住宿）： 不可以
温泉水温： 47℃
开业时间： 明治二年（1869 年）
交通： JR 山阴本线敬川站乘出租车 15 分钟
自驾： 山阴高速公路江津西出口 12 分钟
飞机： 出云机场乘出租车 2 小时 5 分钟

郡司勇的温泉介绍

　　有福温泉属于单纯温泉，透明、
无味无臭，虽然不是个性很强的温
泉类型，但这里的水含碱性较高。
如果用肥皂或香皂洗浴的话，皮肤
会有那种滑溜溜洗不干净的感觉。
虽然有福温泉是单纯温泉，但从成
分来看算重曹类温泉，含碳酸根成
分，洗完后肌肤感觉特别滑。山阴
的长门汤本温泉、美又温泉、美都
温泉等与有福温泉有着类似的特点。

爱媛・道后温泉

道后温泉本馆

地址： 爱媛县松山市道后汤之町 5-6
电话： 089-921-5141
主页： http://www.city.matsuyama.ehime.jp
客房数： 不提供住宿
费用： 410 日元（约合人民币 25 元）
信用卡： 不可用
营业时间： 6：00—23：00（根据入浴套餐使用时间不同，22：30 停止售票）
露天风吕： 无　**贷切风吕：** 无
只泡温泉（不住宿）： 可以
温泉水温： 约 48℃
开业时间： 明治二十七年（1894 年）
交通： 伊予铁道城南线道后温泉站徒步 3 分钟
自驾： 松山高速公路松山出口 22 分钟
飞机： 松山机场乘出租车 30 分钟

郡司勇的温泉介绍

　　这里的温泉是 48℃ 的单纯温泉，温泉成分含量仅为 268.4 毫克，相对较少。泉水透明，无味无臭，柔和光滑。在温泉水量并不是很充沛的道后温泉，能够源源不断提供新鲜温泉水的估计就是这家了吧。从圆粗的出水口哗哗涌出新鲜的温泉水，看着很痛快。这里有神汤和灵汤两个浴池，本馆已经成为了当地的地标性建筑。

大分・由布院温泉

龟井别墅

地址： 大分县由布市汤布院町川上 2633-1
电话： 0977-84-3166
主页： http://www.kamenoi-bessou.jp
客房数： 共 21 间
费用： 35790 日元（约合人民币 2190 元）起
信用卡： VISA、JCB、Master、AMEX、UC、OC、SAISON、Diners、乐天
办理入住时间： 15：00
办理退房时间： 11：00
露天风吕： 有　**贷切风吕：** 无
只泡温泉（不住宿）： 不可以
温泉水温： 50℃
开业时间： 大正十年（1921 年）
交通： JR 久大本线由布院站乘出租车 5 分钟
自驾： 大分高速公路汤布院出口 15 分钟
飞机： 大分机场乘出租车 1 小时

郡司勇的温泉介绍

　　这里的温泉是由布院特有的单纯泉，透明，无味无臭，非常干净清澈，让人每天都想在这里泡一泡。虽然一部分温泉是泛青色的食盐泉，但绝大多数都是这种单纯泉，是这个以水量充沛享誉日本的温泉地的代表温泉类型。这里的温泉对缓解神经痛、手脚冰冷等症状和治疗消化器官疾病有一定的功效。

福冈 · 二日市温泉

大丸别墅

地址：福冈县筑紫野市汤町 1-20-1
电话：092-924-3939
主页：http://www.daimarubesso.com
客房数：共 41 间
费用：工作日 19158 日元（约合人民币 1170 元）起；
节假日前一天 23910 日元（约合人民币 1460 元）起
信用卡：VISA、JCB、Master、AMEX、UC、Diners、
乐天
办理入住时间：15：00
办理退房时间：11：00
露天风吕：无　贷切风吕：有（2 个室内温泉）
只泡温泉（不住宿）：不可以
温泉水温：48.4℃
开业时间：庆应元年（1865 年）
交通：JR 鹿儿岛本线二日市站乘出租车 5 分钟，乘
公交车 6 分钟
自驾：九州高速公路筑紫野出口 3 分钟
飞机：福冈机场乘出租车 35 分钟

郡司勇的温泉介绍

　　这里只有室内温泉，干净整洁，窗户的设计复古耐看，浴池底部铺着大块的鹅卵石。虽然经常添加新鲜的温泉水，但使用的却是加热循环的温泉水。源泉的出水口能闻到淡淡的硫黄臭味，泉水属于单纯泉，透明并有鸡蛋味。这个 42.3℃ 的碱性单纯泉内含 520 毫克的温泉成分，触感爽滑，非常舒服。

长崎 · 云仙温泉

云仙 IWAKI 旅馆

地址：长崎县云仙市小浜町云仙 318
电话：0957-73-3338
主页：http://unzen-iwaki.com
客房数：共 35 间
费用：工作日 12960 日元（约合人民币 790 元）起；
节假日前一天 14040 日元（约合人民币 860 元）起
信用卡：VISA、Master、UC、DC、NICOS、Diners、
SAISON
办理入住时间：15：00
办理退房时间：10：00
露天风吕：有　贷切风吕：无
只泡温泉（不住宿）：可以
温泉水温：55℃
开业时间：明治二十年（1887 年）
交通：岛原铁道岛原铁道线岛原外港站乘出租车 29
分钟
自驾：长崎高速公路谏早出口 1 小时
飞机：长崎机场乘出租车 1 小时 21 分钟

郡司勇的温泉介绍

　　云仙 IWAKI 旅馆使用的是自家源泉，水温为 60.6℃，属于含硫黄成分的明矾泉，每分钟可涌出 280 升泉水。氢离子并没有出现在分析表上，因此并不算酸性泉，但 pH 达 2.4，所以会有一股酸味。泉水白浊，有酸味和硫黄的臭味。水之所以呈现出白浊色，应该是硫黄成分造成的。这一带从旅馆地底涌出源泉的，就只有云仙 IWAKI 旅馆一家了。

熊本·人吉温泉

人吉旅馆

地址： 熊本县人吉市上青井町 160
电话： 0966-22-3141
主页： http://www.hitoyoshiryokan.com
客房数： 共 21 间
费用： 工作日 13500 日元（约合人民币 830 元）起；
节假日前一天 15660 日元（约合人民币 960 元）起
信用卡： VISA、Master、UC、NICOS、SAISON
办理入住时间： 15：00
办理退房时间： 10：00
露天风吕： 无　**贷切风吕：** 有（2 个室内温泉）
只泡温泉（不住宿）： 可以
温泉水温： 54.6℃
开业时间： 昭和九年（1934 年）
交通： JR 肥萨线人吉站乘出租车 2 分钟
自驾： 九州高速公路人吉出口 7 分钟
飞机： 鹿儿岛机场乘出租车 55 分钟

郡司勇的温泉介绍

　　人吉温泉是一个拥有二十八处公共浴池和五十多处源泉的大型温泉地。这家旅馆的温泉几乎无色透明，并且无味无臭，使用前经过了加热处理。虽然浴室布置得非常简单，但温泉水质很好，因此广受好评。这里的温泉属于弱碱性的钠－碳酸氢盐－盐化物泉，泉水滑润黏稠。

熊本·地狱温泉

清风庄

地址： 熊本县阿苏郡南阿苏村河阳 2327
电话： 0967-67-0005
主页： http://jigoku-onsen.co.jp
客房数： 共 38 间
费用： 6630 日元（约合人民币 410 元）起
信用卡： VISA、Master、Diners
办理入住时间： 15：00
办理退房时间： 10：00
露天风吕： 有　**贷切风吕：** 有（2 个室内温泉，仅限
入住者使用）
只泡温泉（不住宿）： 可以
温泉水温： 38℃~78℃
开业时间： 文化五年（1808 年）
交通： 南阿苏铁道高森线阿苏下田城触合温泉站乘
出租车 17 分钟
自驾： 九州高速公路熊本出口 45 分钟
飞机： 熊本机场乘出租车 40 分钟

郡司勇的温泉介绍

　　这里的雀汤有两张温泉水质分析表，一张上写着水温 41.3℃，pH2.9；另一张写着水温 47.1℃，pH2.7。这个浴池从足底不断涌出气泡，因声音极似麻雀的叫声而得名"雀汤"。内汤使用的是最原始的温泉水，水温为 61℃，温泉成分含量为 299 毫克，浅白浊色，有酸味，但没有臭味。新汤是一个半露天的风吕，浴池由木头打造，水温 45.3℃，属于单纯酸性硫黄泉，含温泉成分 1189 毫克，其中硫化氢含量为 6.5 毫克，泉水同样是浅白浊色，有酸味，并带有一丝硫黄臭味。

大分·别府温泉

山田别墅

地址: 大分县别府市北浜 3-2-18
电话: 0977-24-2121
主页: http://yamadabessou.jp
客房数: 共 8 间
费用: 工作日 5400 日元(约合人民币 330 元)起;
节假日前一天 7000 日元(约合人民币 430 元)起
信用卡: VISA、Master
办理入住时间: 16:00
办理退房时间: 10:00
露天风吕: 有 **贷切风吕:** 有(1 个露天温泉)
只泡温泉(不住宿): 可以(仅限星期三、四、六)
温泉水温: 50.5℃
开业时间: 昭和二十六年(1951 年)
交通: JR 别府站徒步 10 分钟
自驾: 大分高速公路别府出口 15 分钟
飞机: 大分机场乘机场大巴 50 分钟,下车后再走
5~6 分钟

这里有两个贴着马赛克瓷砖的室内温泉和一个露天温泉。泉水属于食盐泉,透明,有微弱的金属味道,没有臭味。或许是因为成分中有多达 1 克的食盐,喝起来比一般的水更咸。我一般都是通过这种方法来辨别的。室内温泉使用的是旅馆地底的自家源泉,源泉不断涌入浴池中,是极尽奢侈的享受。

大分·汤平温泉

志美津旅馆

地址: 大分县由布市汤布院町汤平 263
电话: 0977-86-2111
主页: http://www.r-shimizu.jp
客房数: 共 9 间
费用: 工作日 13110 日元(约合人民币 800 元)起;
节假日前一天 15270 日元(约合人民币 940 元)起
信用卡: VISA、JCB、Master、AMEX、NICOS、
Diners
办理入住时间: 15:00
办理退房时间: 10:00
露天风吕: 有 **贷切风吕:** 有(1 个半露天温泉)
只泡温泉(不住宿): 可以(休息日不定)
温泉水温: 77.1℃
开业时间: 大正十五年(1926 年)
交通: JR 久大本线汤平站乘出租车 10 分钟
自驾: 大分高速公路汤布院出口 21 分钟
飞机: 大分机场乘出租车 1 小时 3 分钟

在这个巨大的洞窟风吕中,有着温泉成分含量高达 2474 毫克的重曹食盐泉,水温高达 69.5℃。水中除了含 711 毫克的钠、790 毫克的氯、646 毫克的碳酸氢根和食盐成分外,还富含重曹成分,和峨峨温泉、四万温泉并称为日本三大治疗肠胃病的名汤。除了洞窟风吕外,这里还有一个露天风吕,虽然分析表上显示 pH 为 6.4,但 346 毫克的二氧化碳在引流的时候挥发了,所以 pH 就变成了 8。碱性温泉给肌肤带来了柔滑的触感。

鹿儿岛·妙见温泉

折桥旅馆

地址：鹿儿岛县雾岛市牧园町下中津川 2234
电话：0995-77-2104
主页：http://www.orihashi.co.jp
客房数：共 8 间
费用：12800 日元（约合人民币 780 元）起
信用卡：不可用
办理入住时间：15：00
办理退房时间：10：00
露天风吕：有　贷切风吕：有（1 个露天温泉）
只泡温泉（不住宿）：可以
温泉水温：44℃
开业时间：明治十二年（1879 年）
交通：JR 日丰本线隼人站乘公交车 17 分钟
自驾：九州高速公路沟边鹿儿岛空港出口 15 分钟
飞机：鹿儿岛机场乘出租车 18 分钟

郡司勇的温泉介绍

　　巨大的露天风吕中的温泉呈白浊色，有一点碳酸的味道，能闻到金属的臭味。这里比安乐温泉的碳酸成分含量少，重曹的涩味更重一些。虽然有 442 毫克的碳酸含量，但因为水温较高，基本都挥发掉了。室内温泉是土类重曹泉，温泉成分含量总计 2211 毫克，看起来是淡绿褐色，有一些涩味，闻起来也有泥土的气息。此外，这里还有一个 33℃的低温风吕。

鹿儿岛·妙见温泉

雅叙苑

地址：鹿儿岛县雾岛市牧园町宿洼田 4230
电话：0995-77-2114
主页：http://gajyoen.jp
客房数：共 10 间
费用：26070 日元（约合人民币 1600 元）起
信用卡：VISA、JCB、AMEX、UC、Diners
办理入住时间：13：00
办理退房时间：12：00
露天风吕：无　贷切风吕：有（3 个室内温泉）
只泡温泉（不住宿）：不可以
温泉水温：54℃，36℃
开业时间：昭和四十六年（1971 年）
交通：JR 肥萨线嘉例川站乘出租车 12 分钟，乘公交车 11 分钟
自驾：九州高速公路沟边鹿儿岛空港出口 15 分钟
飞机：鹿儿岛机场乘出租车 15 分钟

郡司勇的温泉介绍

　　雅叙苑拥有三个自家源泉，其中两个属于钠–钙–镁–碳酸氢盐泉（温泉分别为 37℃和 54℃），将这两个源泉的水混合并调整温度后，提供给室内温泉"建汤"和贷切风吕使用。打汤中 37℃的低温泉水和客房露天风吕的泉水一样，都是在 54℃的源泉中兑冷水进行降温处理，使用的是另外一个源泉的水，是足底自喷的优质泉水，泡温泉时皮肤表面会附着气泡，所以，我推断水中应含有碳酸成分。

长崎·云仙温泉

云仙观光旅馆

地址：长崎县云仙市小浜町云仙 320
电话：0957-73-3263
主页：http://www.unzenkankohotel.com
客房数：共 39 间
费用：工作日 16200 日元（约合人民币 1000 元）起；
节假日前一天 18360 日元（约合人民币 1100 元）起
信用卡：VISA、JCB、Master、AMEX、JAL、DC、
SAISON、Diners
办理入住时间：14：00
办理退房时间：11：00
露天风吕：有　贷切风吕：有（2 个露天温泉，2 个
室内温泉）
只泡温泉（不住宿）：可以（仅限就餐者）
温泉水温：93.5℃
开业时间：昭和十年（1935 年）
交通：岛原铁道岛原铁道线岛原外港站乘出租车 30
分钟，乘公交车 40 分钟
自驾：长崎高速公路谏早山口 1 小时
飞机：长崎机场乘出租车 1 小时 20 分钟

郡司勇的温泉介绍

这里的温泉是含硫黄成分的酸
性明矾泉，水温高达 93℃，pH 为 2，
主要成分是氢离子，属于酸性泉。
其中，硫化氢含量为 2.1 毫克，金属
硅酸含量为 403 毫克。分析表上写着
这里的泉水几乎透明，有酸味和微
微的硫黄臭味。我正好看到旅馆给
浴池注水的过程，估计是兑了 30%
的水，所以颜色和味道都有些弱化，
但随着时间变长，泉水会更接近源
泉水质。家族风吕中兑水较少，呈
现出浅白浊色，是比大浴场更加优
质的温泉。

大分·长汤温泉

Lamune 温泉馆

地址：大分县竹田市直入町大字长汤 7676-2
电话：0974-75-2620
主页：http://www.lamune-onsen.co.jp
客房数：共 15 间（住宿在大丸旅馆）
费用：14406 日元（约合人民币 880 元）起
信用卡：不可用
办理入住时间：15：00
办理退房时间：10：00
露天风吕：有　贷切风吕：有（1 个露天温泉，2 个
室内温泉）
只泡温泉（不住宿）：可以
温泉水温：42℃
开业时间：大正六年（1917 年）
交通：JR 朝地站乘出租车 25 分钟
自驾：大分高速公路汤布院出口 51 分钟
飞机：大分机场乘出租车 1 小时 37 分钟

郡司勇的温泉介绍

这里共使用了两处源泉，室内
温泉的成分含量高达 4328 毫克，属
于重碳酸土类泉，水温 41.2℃。泉
水呈绿褐色，有碳酸的涩感，出水
口有刺激性臭味和有机物的味道，
还含有 911 毫克的二氧化碳，几乎称
得上碳酸泉。露天风吕是 32.3℃低
温的碳酸泉，温泉成分含量为 3662
毫克，属于含碳酸成分的重碳酸土
类泉，碳酸含量为 1380 毫克，其他
物质含量为 2282 毫克，泉水透明，
有碳酸的清凉味。

去日本泡温泉

[日] 郡司勇 著

曹倩 译

達人が選ぶ　名湯宿 58 選

by 郡司勇

图书在版编目（CIP）数据

去日本泡温泉 /（日）郡司勇著；曹倩译. —北京：
北京联合出版公司，2018.2
ISBN 978-7-5596-1025-6

Ⅰ . ①去… Ⅱ . ①郡… ②曹… Ⅲ . ①温泉－旅游指
南－日本 Ⅳ . ① K931.39

中国版本图书馆 CIP 数据核字 (2017) 第 238013 号

TATSUJIN GA ERABU MEIYU YADO 58 SEN
© ISAMU GUNJI 2014
Originally published in Japan in 2014 by
X-Knowledge Co., Ltd. TOKYO,
Chinese (in simplified character only) translation
rights arranged with X-Knowledge Co., Ltd. TOKYO,
through BARDON CHINESE MEDIA AGENCY.
Simplified Chinese edition copyright © 2018 by
United Sky (Beijing) New Media Co.,Ltd.
All rights reserved.

北京市版权局著作权合同登记号　图字：01-2017-6759 号

选题策划	联合天际	
责任编辑	夏应鹏	
特约编辑	王　絮　张雅洁	
美术编辑	冉冉设计工作室	
装帧设计	汐　和	

关注未读好书

出　　版	北京联合出版公司	
	北京市西城区德外大街 83 号楼 9 层　100088	
发　　行	北京联合天畅发行公司	
印　　刷	北京博海升彩色印刷有限公司	
经　　销	新华书店	
字　　数	70 千字	
开　　本	710 毫米 × 1000 毫米　1/16　15 印张	
版　　次	2018 年 2 月第 1 版　　2018 年 2 月第 1 次印刷	
I S B N	978-7-5596-1025-6	
定　　价	88.00 元	

未读 CLUB
会员服务平台